_____ 드림

글쓰기, 어떻게 쓸 것인가

글쓰기, 어떻게 쓸 것인가

초판 1쇄 발행 2012년 10월 17일
초판 3쇄 발행 2013년 12월 31일

지은이 임정섭

발행인 장상진
발행처 (주)경향비피
등록번호 제2012-000228호
등록일자 2012년 7월 2일

주소 서울시 영등포구 양평동 2가 37-1번지 동아프라임밸리 507-508호
전화 1644-5613 | **팩스** 02) 304-5613

ⓒ 임정섭

ISBN 978-89-969240-3-6 13320

· 값은 표지에 있습니다.
· 파본은 구입하신 서점에서 바꿔드립니다.

글쓰기, 어떻게 쓸 것인가

**한 줄도
쓰기
어려운
당신에게**

임정섭 지음

경향BP

| 프롤로그 |

무엇을 어떻게 쓸 것인가?

저수지 수문이 열린 형국이다. 글쓰기에 대한 관심과 배움의 물줄기가 세차다. 그 시원(始原)은 글쓰기 고민이다. 대체 어떻게 써야 하는가.

우리나라에는 기초부터 높은 수준까지 다다를 수 있는 글쓰기 프로그램이 없다. 수많은 학습서적과 학원이 있는 영어 교육과 대비된다. 재미있는 역설이다. 그리하여 글쓰기 고민은 국어 교사에게조차 열외를 허락하지 않는다. 그들 역시 체계적인 교육을 받지 못했으니 그럴 수밖에.

나는 전작 〈글쓰기훈련소〉를 통해 뜬 구름 잡는 식이 아닌 구체적이고 과학적이며 체계적인 방법이 필요하다고 역설했다. 많은 이가 공감했고 덕분에 글쓰기 분야의 베스트셀러가 됐다. 배움은 이론으로 되지 않는다. 수영을 머리로 배우지는 않듯 말이다. 아무리 좋은 방법이라 해도 실제로 해 보지 않으면 늘지 않는다. 실질적인 효과를 보기 위해서는 말 그대로 훈련이 필요하다.

지금 글쓰기 훈련을 시작한다면 당신은 마음속에 꽃씨 하나를 심는 셈이다. 그 나무의 뿌리는 경험과 읽기의 양분을 흡수해야 한다. 이윽고 필사와 마구 쓰기를 통해 싹이 돋아나고 묘사와 요약, 줄거리 쓰기를 통해 줄기를 뻗는다. 이어 사유와 생각 쓰기 속에서 굵은 나무로 성장하며 서평과 에세이, 소설과 같은 가지로 갈라진다. 마지막으로 은유, 직유와 같은 수사법과 다채로운 글쓰기 기술을 통해 꽃을 피운다. 한 톨 씨앗이 우람한 나무가 된다. 우리는 늘 잊고 살지만 경이로움 그 자체다.

이 책은 글쓰기를 배우려는 이들이 처음에 어떻게 해야 하는지부터 사람의 마음을 움직이는 마법의 기술까지 다루고 있다. 여기 흥미로운 이야기가 있다.

1928년 아서 에딩턴은 저서 〈물리적 세계의 본성(The Nature of the Physical World)〉에서 다음과 같이 말했다.

"만일 원숭이 떼가 여러 타자기를 두드린다면, 영국 박물관에 있는 모든 책들이 만들어질 수도 있다."

한 웹사이트에서 이를 증명하기 위한 실험을 했다. 원숭이로 하여금 무작위로 타자를 치게 한 뒤 셰익스피어 작품이 나올 수 있는지 지켜봤다. 그 시뮬레이션은 2003년 7월 1일에 원숭이 100마리로 시작하여 며칠마다 원숭이 수를 두 배로 늘리면서 진행되었다. 원숭이들은 문자 2,000자가 들어가는 페이지를 총 10^{35}장 만들어냈다. 그 결과 2005년에 셰익스피어 작품 〈헨리 4세〉 2부에 나오는 다음과 같은 구절이 완성됐다.

RUMOUR. Open your ears ; for which of you will stop The vent of hearing when loud Rumour speaks?(러무어 : 귀를 열어라. 요란한 러무어가 말하는데, 감히 누가 듣는 구멍을 막을 것이냐?)
-존 D 베로, 〈당신이 모르는 줄도 모르는 100가지 수학 이야기〉

이 결과로 인해 다음과 같은 말이 가능해졌다. 원숭이가 셰익스피어 전집을 쓰는 것은 단지 시간문제다!

셰익스피어가 무덤에서 이 말을 듣는다면 어떤 반응을 보일까? 아마 너털웃음을 터뜨릴 것이다. 왜냐하면 글쓰기 훈련에는 자신도 예외가 아니었을 테니까. 이 이야기는 글쓰기의 처음과 끝을 말해 준다. 누구나 훈련을 통해 마법에 이를 수 있다는 교훈이다. 여기 글쓰기 마법이 무엇인지 알려주는 이야기를 소개한다. 글쓰기 수업 수강생 중에 한 나이든 여성이 있었다. 그녀는 책을 쓰고 싶다고 말했다. 다음은 그녀가 쓴 자기소개글을 요약한 것이다.

나는 KT(옛 한국통신)에 기술직으로 입사하였습니다. 당시 기술직에 여성은 없었습니다. 거친 남성들과 경쟁에서 뒤처지지 않으려고 피나는 노력을 했습니다. 할 수 있는 일은 모두 남자와 동등하게 했습니다. 미친 듯이 일에 빠진 덕에 입사동기들보다 승진에 더 앞섰습니다.

이 이야기를 듣는 순간 내 머릿속에서는 글이 써지기 시작했다. 나는 여성에게 한 가지 질문을 던졌다.
"기술직이면 혹시 전봇대에도 올라가셨어요?"
"그럼요. 당연하죠."
그 말을 듣고 즉석에서 다음과 같은 자기소개글을 써줬다.

나는 우리나라에서 처음으로 전봇대에 오른 여자입니다. KT에 여성으로서는 최초로 기술직으로 입사한 후 거친 남성들과 경쟁에서 뒤처지지 않으려고 피나는 노력을 했습니다. 사람들은 내가 안전모를 쓰고 전봇대에서 포즈를 취한 모습을 매우 신기한 듯 여겼습니다. 미친 듯이 일에 몰두한 덕에 입사동기들보다 승진에 더 앞섰습니다.

국내 최초로 전봇대에 오른 여자라는 사실 하나로 이 여성은 다른 차원으로 비상한다. 독자들은 이 여성의 이야기에 주목하지 않을 수 없다. 바로 글쓰기 마법이다.

카페 글쓰기훈련소에서는 다들 훈련병으로 시작한다. 시간이 흐르면 졸필을 벗어나 달필이 되고, 좀 더 정진하면 고수를 거쳐 어느덧 글쓰기 마법사가 된다.

이 책의 목적은 글쓰기에 재미를 붙이고 원하는 대로 글을 쓸 수 있게 하기 위해서다. 나아가 글쓰기를 통해 삶을 바꾸고 꿈을 이룰 수 있게 하기 위해서다. 그 방법은 간단하다. 이 책과 '온라인 글쓰기훈련소'가 제시하는 길을 따라 열심히, 성실하게 쓰면 된다.

이 책은 세 가지 측면에서 획기적이다.

첫째, 국내 최초로 온라인과 오프라인의 쌍방향 연습 교재다. 책을 읽으면서 온라인을 통해 보충 훈련을 하도록 했다.

둘째, 의도적으로 예문을 많이 실었다. 수백 권의 책에서 추출한 명문장의 성찬이다. 예문을 베껴 쓰고, 나아가 외우면 학습 효과가 높다.

셋째, 초보자라 해도 차근차근 단계를 밟아 글쓰기의 기초부터 최고 수준까지 다다를 수 있게 했다.

| 추천사 |

　진귀한 보물이었다. 글쓰기에 대한 강의를 듣고 내 글에 대한 교정을 받고 싶어서 왔는데 너무나 많은 것을 얻었다. 상상도 못 했던 희망찬 내용이었다. 생각지도 못했던 선물이었다. 가슴 깊이 묻어 두고, 잊고 있던 글쓰기에 대한 어릴 적 꿈을 파헤쳐주는 것 같았다.

-박데레사(대학원생)

　첫 수업이 있던 날 저녁, 식탁에서 고3인 아들이 강의가 어땠냐고 물었습니다. "좋았어."라고 했더니 좀 더 구체적으로 얘기해달라고 하더군요. "글쎄, 엄마의 50평생에서 가장 행복한 일을 꼽으라면 첫 번째가 너의 아빠랑 결혼한 일, 두 번째가 너희를 낳은 일, 그리고 세 번째가 이 일이 아닐까 한다."고 했지요.

-강수화(주부)

　신선한 충격이었다. 등록할 때의 '결코 싸지 않은 수업료'라는 생각이 수업이 끝나고 나선 '결코 비싸지 않은 수업료'라는 생각으로 바뀌었다. 아직 내 글은 그리 훌륭하지 않지만, 이제 난 사진 한 장에서도, 사소한 경험 하나를 가지고도 글을 쓸 수 있게 되었다. 2011년 내게 가장 행운은 글쓰기훈련소를 알게 된 것이고, 가장 잘한 일은 황금지우개님의 수업을 수강한 게 아닐까 싶다.

-루시아(교사)

　강의는 예상과는 확 달랐다. "실용적인 글쓰기는 상상의 영역이 아니다."라는 첫마디는 나의 '그동안의 상식'을 넘어섰다. 또한 "글은 과학이다."라고 했다. 나는 글을 잘 쓰기 위해서는 상상력이 풍부해야 한다고 생각했다. 물론 맞는 말이고 사실이다. 그러나 글쓰기가 상상에 의한 산물이 아니라 과학적인 구조를 갖추고 있으며, 그 구조를 이해한다면 원하는 글을 쓸 수 있다는 의미일 것이다. 이러한 진리에 대한 인식은 나에게 없었다.

-안승모(직장인)

강력한 한 방. 글쓰기훈련소 강의에는 강력한 한 방이 있다. 정규 과정이 달콤한 맛보기라면 전문가 과정은 디테일의 한 방이다. 전문가 과정은 나에게 꿈을 위한 한 걸음이었다.

-도로시 란(학원강사)

봄이 오면 늘 피어나는 꽃처럼 이 수업은 나에게 찾아온 운명적인 봄이었다.

-우나영(직장인)

글쓰기 수업은 세 가지 변화를 가져왔다. 글이 쉽게 써진다. 인터넷을 통해 하루 종일 걸리던 작업을 쭉 쓴다. 글쓰기가 하고 싶고 즐겁게 느껴진다. 동시에 책을 많이 읽게 된다.

-정한영(직장인)

기대를 하고 기다렸던 수업. 역시 기대 이상이었다. 누군가 건드려주기 전에는 전혀 알 수 없었던 나의 글쓰기. 손바닥만 한 곳을 바라보던 시야가 터지는 느낌이다.

-영수니(사업가)

왜 진작 글쓰기에도 훈련이 필요하다는 생각을 못했는지, 후회가 많았다. 하지만 이제 희망을 보았고 올해는 글쓰기에 나의 모든 열정을 쏟아부을 비장한 각오를 한다. 강의 한 번 들었을 뿐인데 너무 기분이 좋았고 행복했다.

-이은숙(직장인)

글쓰기훈련소를 만나고부터 제 인생은 달라지고 있습니다. 제 꿈을 향해 한 발 더 앞서 가고 있습니다. 열정의 자극제를 회원님들과 같이 나누고 싶습니다.

-사랑한잔(작가지망생)

강의를 듣고, 기획력과 글쓰기 실력이 많이 좋아졌습니다. 구조화 능력이 생겼습니다. 이런 발전으로 '아이 창의 독서법'이라는 콘텐츠를 만들어 공모했고, 경기도 평생학습관에서 주최하는 '지식나눔 콘텐츠 공모전'에서 당당히 '우수상'을 받았습니다.

-성공맨(직장인)

공무원 승진시험을 앞둔 사람에게 권하고 싶은 강좌입니다. 별 준비도 못하고 태산 같은 걱정만 하다가 시험에 임박하여 우연히 강좌를 듣기 시작하였습니다. 시간을 낼 수 없어서 몇 번밖에 수강 못했지만 그것만으로도 큰 도움이 되었습니다. 합격을 하고 지금은 발령을 기다리고 있습니다. 글쓰기훈련소가 직장인들의 글쓰기 훈련에 큰 도움이 될 것으로 확신합니다.

－봄날(공무원)

　글쓰기는 등산이다. 산 넘어 산이다. 산언저리에서 놀 때는 몰랐다. 글쓰기 산에 오르는 어려움과 힘듦을. 또한 희열을. 산을 오르면 오를수록 더 멀리 볼 수 있다. '글쓰기 산'도 오를수록 글을 보는 안목이 생긴다. 글쓰기훈련소에는 좋은 등산 가이드가 있다. 그는 '글쓰기 산' 속에서 수십 년을 지냈다. 이 산의 사정을 잘 안다. 특히 '실용문 등산로'의 절대 강자다.
　'앎'과 '가르침'은 다른 영역이다. 글쓰기훈련소 가이드는 잘 알 뿐만 아니라 쉽게 가르친다. 입소자가 새로 들어오면 그의 실력에 딱 맞는 등산로로 안내한다. 그래서 누구나 그의 안내를 따라 한 걸음씩 내딛다 보면 '실용문의 마루'에 이를 수 있다.

－쉴(직장인)

　이 수업은 내게 선물처럼 다가왔다. 어두운 산속에서 길을 헤매다 손전등을 찾은 기분이다.

－김지혜(학생)

한마디 한마디가 금과옥조 같았다. 글쓰기에 꼭 필요한 말씀을 해 주시면서도 중요 포인트는 반복해 콕콕 되짚어 주셨다. 처음 접해 보는 글쓰기 강좌지만 자신감을 갖게 된 첫 수업이었다.

-김종학(직장인)

"글쓰기의 시작은 핵심을 말하는 것부터다." 기존 관념의 틀을 깨는 놀라운 말이 아닐 수 없다. '내가 글을 빨리 쓸 수 없었던 이유가 여기 있었구나' 하는 생각이 든다. 지금 당장 내가 쓰는 모든 글쓰기에 적용해야겠다.

-윤동호(학생)

수업 내내 시간 가는지를 몰랐다. 강의를 받으면서 늘 하고 있던 고민이 해결되는 느낌이었다. "기대가 크면 실망이 크다."는 말이 있다. 그러나 나의 글쓰기 첫 수업은 기대 이상이었다.

-홍금화(직장인)

두뇌의 세포를 열어주는 명강의. 한 개의 양념으로 열 개의 요리법을 깨닫게 해 준 강의. 한마디로 지능형 '최종병기'답다. 아직도 뇌세포를 때린다.

-소학금(교수)

주변에 널려 있는 정보를 잘 활용하기 위해 그가 제시하는 방법들은 상상을 초월한다. 그가 개발해 낸 글쓰기의 차별화 전략을 성실하게 따라가다 보면 글쓰기의 관문이 환하게 열리는 경험을 할 것이다. 펜에 힘을 빼고도 단번에 해낼 수 있는 글쓰기 비법은 그에게서만 받을 수 있는 아이템이다.

-서맹은(어린이집 원장)

독서지도와 글쓰기를 가르친 지 17여 년. 웬만큼 남의 글이 보이고, 그럭저럭 글을 쓴다고 하는데도 어딘가 미흡하다는 느낌이 있었다. 그러던 차에 글쓰기훈련소 특강을 듣고 명쾌하고 선명한 글쓰기 방법에 관심이 생겼다. 3개월 과정을 배우면서 사물을 보는 시선이 많이 달라졌다. 올해 시도한 모든 것 중에서 가장 보람 있고, 귀한 시간이었다.

-신상진(독서지도&글쓰기 강사)

우연히 듣게 된 강의, 두 달간 하루도 빠질 수가 없었다. 강의를 듣는 날이면 신나서 남편과 아들에게도 강의 내용을 전해 주곤 했다. 한마디로 명쾌했다. 8주의 짧은 기간. 그러나 내 삶을 바꾸기에 충분한 시간이었다.

-정미경(직장인)

● 차례

프롤로그 무엇을 어떻게 쓸 것인가? _4
추천사 _9

1장_ 필사(筆寫), 어떻게 할 것인가?

1. 독자를 사로잡는 글쓰기 _24
2. 문장이 글쓰기를 이끈다 _29
3. 글의 마법으로 이뤄진 세계 _33
4. 마음을 움직이는 한 줄 _38
5. 삶을 바꾸는 글쓰기 _43
6. 글쓰기는 모험이다 _47
7. 마법사의 글 필사하기 _51

박완서-못 가본 길이 더 아름답다ㅣ김훈-푸른 날치 떼 등에서 햇빛이ㅣ김애란-종이 비늘 달린 물고기 되어ㅣ무라카미 하루키-과거는 앨범 속에서 수정된 채ㅣ헤르타 뮐러-바람조차 허기를 먹여 키웠다ㅣ미시마 유키오-금각사는 거대한 닻에 잠긴 듯ㅣ장석주-봄 마당 꽃들의 출석부 들고ㅣ카뮈-봄은 헤아릴 수 없는 밀물이다ㅣ귀스타브 플로베르-관능의 질감에 기뻐하던 그 손ㅣ김택근-문장은 언제나 시퍼렇게 살아

글쓰기 멘토들의 조언_ 글쓰기란 꽃씨를 심는 일/글은 순간을 잊게 하는 힘 _64

2장_ 글쓰기 습관, 어떻게 만들 것인가?

1. 열 손가락이 춤추게 하라 _66
서가의 책 이름 적어보기 | 보이는 사물 이름 나열하기

2. 내 안의 문장을 찾아라 _71
어릴 적 기억에 대해 | 극장을 떠올리며 추억 더듬기

3. 생각 호수로의 잠수 _77
기분 나쁜 악몽에 대하여 | 내 생애 최고로 기뻤던 일

4. 지금 이 순간을 기록하라 _82
가족 이름 쓰고 대화하기 | 나의 치명적인 약점 서술하기

5. 꿈의 시작, 원고지 1천 매 _87
나를 소개하는 글 써보기 | 벌레의 눈으로 세상 바라보기

글쓰기 멘토들의 조언_ 재능에 대해 회의할 필요 없다/연애편지 많이 쓰세요/남들이 재미있어 하니 계속 쓰게 돼 _92

3장_ 글쓰기 시작, 어떻게 할 것인가?

1. 글쓰기의 시작은 관찰이다 _94
2. 자세히 보면 비밀이 보인다 _98
3. 그림을 활자로 변환하라 _103
4. 느낌보다 사실을 먼저 표현하라 _106

5. 고흐처럼 생생하게 써라 _112
6. 매혹의 묘사 6선 _116

두근두근, 긴박한 도둑 키스 | 아름드리 배나무 숲에 은성을 쌓고 | 창문으로 들어온 돌풍의 전주곡 | 얼어붙은 동굴 속 봉인된 침묵 | 주인은 코털을 뽑아 종이에 세우더니 | 햇빛이 맑아 소녀의 내장까지 들여다보일 듯

글쓰기 멘토들의 조언_ 긴장감 있게 짜인 글이 좋은 글/뜻을 세우고 글의 얼개를 짠 뒤 거침없이 _124

4장_ 포인트(POINT)라이팅, 어떻게 쓸 것인가?

1. 포인트만 알면 글쓰기 끝! _126
2. P_포인트를 잡아라 _132

연인의 눈에서 발견한 마법의 씨앗 | '느낌표' 하나에 흥미로운 포인트 | 미세한 떨림을 포착해 시를 쓰다 | 3초의 순간에 대어를 낚다 | 피켓 글씨도 때론 글쓰기 포인트 | 아련한 꽃의 속삭임까지 듣는 감성 | 프로 글쟁이만 아는 '숫자의 마법' | 통화 연결 음에서 발견한 글의 씨앗

3. I_인트로와 배경 쓰기 _148

새하얀 벚꽃 아래서 차 한 잔 | 쪼그려 앉아 침 삼키며 기다린 어머니 손맛 | 편지와 가을, 연애 '삼색조화' | 역사에서 사라진 2등의 비애 | 통과의례-누구나 한 번쯤 겪어야 하는 성장통 | 아삭! 베어 물면 온갖 이야기의 과즙

4. O_내용 쓰기 _155

개요 쓰기-글감의 윤곽 가져오기 | 요약하기-중요한 정보만 남기기 | 한 줄 찾기-원본 핵심만 남겨라

5. N+T_뉴스와 소감 쓰기 _170
사실과 생각을 구분하여 쓰라 | 생각을 쓰고 근거를 밝혀라 | 교훈을 찾고 의미를 부여하자 | 비판적 시각으로 바라보라

6. 포인트(POINT)로 '30분 만에 서평 쓰기' _190
'포인트(POINT)라이팅'을 따라가며 쓰기 | 홍세화의 〈생각의 좌표〉 실전 서평

글쓰기 멘토들의 조언_ 반복하다 보면 문리를 터득해/누구나 엉덩이로 글을 쓴다 _194

5장_ 수사법, 어떻게 쓸 것인가?

1. 상태나 움직임을 암시하는 "은유" _196
당신의 웃음은 분수처럼 흩어지는 물 | 나는 마법사입니다 | 베네치아는 물고기다 | 책은 도끼다 | 바둑은 삶의 은유다

2. 비슷한 두 사물을 연결하는 "직유" _203
그의 서재는 매일 자라나는 서재 | 그녀의 소설은 큰 강을 닮았다 | 인생은 스키와 비슷하다 | 추억이란 뾰족한 삼각형처럼

3. 사람이 아닌 것을 사람처럼 표현하는 "의인" _208
명사와 동사가 싸웠다 | 똥구멍이 몸의 대장이 됐다 | 커피가 위 속으로 들어갔다 | "말허리를 왜 자르냐?" 말이 기가 막혀

4. 반대되는 내용으로 강렬한 "대조" _213
세상에는 두 부류의 작가가 있다 | 일본인의 두 얼굴, 국화와 칼 | 종교가 세상을, 세상이 종교를 | 생각의 꽃과 자연의 꽃

글쓰기 멘토들의 조언_ 글은 망할수록 더 좋아진다/막히면 시를 읽어라 _218

6장_ 매혹적인 글쓰기, 어떻게 쓸 것인가?

1. 첫 문장 쓰기–꽃이냐 칼이냐 _220
2. 개 꼬리로 머리 흔들기 _225
3. 피칭–문장 하나로 끝내기 _230
4. 사고의 확장–숫자 3의 마법 _234
5. 스토리텔링–설득의 귀재 _239
6. 결말 쓰기–화룡점정 매듭 _244

글쓰기 멘토들의 조언_ 퇴고가 중요하다/방 도배지 때문에 글을 안 쓸 수 없어 _250

7장_ 글쓰기 기술, 어떻게 활용할 것인가?

1. 자기소개서–첫 문장이 중요하다 _252
2. 비즈니스 라이팅–핵심을 찔러라 _258
3. 일기–구조를 알고 쓰면 간단하다 _264
4. 칼럼–전하려는 메시지를 먼저 쓰라 _269
5. 연설문–스티브 잡스 원고의 비밀 _276

글쓰기 멘토들의 조언_ 연 1억 원 글쟁이에 도전하세요 _280

8장_ 창의적 글쓰기, 어떻게 쓸 것인가?

1. 퀴즈 풀기, 문제를 풀며 상상하라 _282
노인은 무엇을 낚았을까? I 폭풍우 속에서 한 아기만 구한 까닭 I 빨리 죽이지 않으면 내가

2. 비교하기, 비교하며 상상하라 _286
몸과 마음의 서로 다른 점 I 글쓰기와 청소의 다른 점 I 절대음감과 상대음감의 차이

3. 이어 쓰기, 스토리가 저절로 펼쳐진다 _290
졸음은 눈썹과 눈썹 사이로 왔다 I 신데렐라 구두를 찢어버렸다면? I 비단잉어 '코이'와 같은 우리의 꿈

4. 더하기, 글쓰기와 수학의 만남 _294
낱말을 사용해 문장 만들기 I 꽃 이름에 슬픔을 더하면 I 손뼉 지각과 고양이 도시락

5. 바꿔 쓰기, 낱말을 바꾸면 신선해진다 _298
허 대신에 사랑이란 단어 넣기 I 더위 대신 숨 막힌 뉴스 이야기 넣기 I 세상과 나 사이에 있는 것

글쓰기 멘토들의 조언_ 꿈속에서도, 숨 쉴 때마다 글, 글/쓸 수 있다고 믿으면 이뤄진다 _302

에필로그 글쓰기 마법 학교 _303

1장
필사(筆寫), 어떻게 할 것인가?

●●● 교실

"얼음이 녹으면 뭐가 될까요?"
선생님이 물었다. 한 아이가 대답했다.
"얼음물이요."
그때 다른 아이는 이렇게 대답했다.
"봄이 와요."
창의성을 이야기할 때 종종 거론되는 사례다. 얼음이 녹으면 봄이 오는 마법이 일어난다. 그런데 시인 김경주는 '눈물은 자기

안의 빙하가 녹는 것이다.'라고 설파한 바 있다. 그렇지 않은가. 참회 혹은 용서를 통해 차갑고 딱딱한 내 마음 속 응어리는 언젠가 한순간에 뜨거운 눈물로 흘러내릴 수 있다. 결국 한 시인의 통찰로 인해 다음과 같은 명문장이 만들어졌다.

"얼음이 녹으면 눈물이 됩니다."

● ● ● 비디오 대여점

미국에 전국 규모의 한 비디오 대여 체인점이 있었다. 이 회사에는 골치 아픈 문세가 있었다. 사람들이 비디오테이프를 감지 않고 반납했던 것이다. 이 때문에 되감는 비용이 적잖게 발생했다.

'비디오테이프를 감아서 반납해 주세요!'

이 메시지는 제대로 지켜지지 않았다. 이 문제를 어떻게 해결할 것인가. 덤으로 한 개를 주거나 가격 할인 등의 아이디어가 나왔다. 그러나 직원 한 명이 다음과 같은 글이 적힌 스티커를 붙여 문제를 해결했다.

'비디오테이프를 감지 말고 반납하세요.'

이 글 뒤에 다음과 같은 문장이 이어졌다.

'단, 빌려 가신 비디오테이프는 감은 뒤에 보세요.'

이 이야기는 혁신 경영 전문가인 매튜 메이의 〈우아한 아이디어가 세상을 지배한다〉에 나온 내용을 요약한 것이다. 소비자들은 의외로 이 새로운 제안에 호응했다. 그로 인해 미국 가정에서는 비디오테이프를 되감는 시간에 팝콘을 전자레인지에 돌리고 음료수를 준비하는 문화가 자리 잡았다.

●●● 비즈니스 현장

구글은 사업 초기에 검색엔진 기술을 개발할 자금을 구해야 했다. 창업자인 래리 페이지와 세르게이 브린은 투자회사를 찾아갔다. 지금은 초등학생도 아는 검색 로직이지만 불과 10년 전인 인터넷 초기 시대에 '검색회사'라는 콘셉트를 이해하는 일은 결코 쉽지 않았다. 그런데 해당 투자회사는 구글을 설명한 짤막한 글을 보고 투자하기로 결정했다. 다음 문장이었다.

구글은 한 번의 클릭으로 전 세계의 정보를 제공합니다(Google provides access to the world's information in one click.).

●●● 도서관

한 중학교 수학 교사가 있었다. 그녀는 십여 년간 학교에 몸담고 있다 뒤늦게 창작을 공부했다. 어느 날 수학 참고서적에서 발견한 한 줄의 글이 그녀를 뒤흔들어 놓았다. 그 한 문장은 끈끈이처럼 끈질기게 달라붙더니 마침내 2,500년 전 고대 그리스를 배경으로 '수의 비밀'을 파헤친 역사추리소설 한 권을 낳게 했다. 그 문장은 다음과 같다.

무리수를 발견한 히파소스를 피타고라스학파가 우물에 빠뜨려 죽였다.

작가는 이 소설로 1억 원짜리 공모전에 당선됐다. 한 문장이 한 사람의 삶을 송두리째 바꾼 셈이다.

세상에는 특정 문장으로서만 존재하는 글쓰기 마법사가 있다. 글쓰기에 관심을 갖게 되면 명문이 보이기 시작한다. '어떻게 저런 표현이 가능할까. 미치지 않고서야 어떻게!'라는 독자의 탄성 뒤에는 글로 말하는 마법사가 있다.

마법, 누구나 갈망하는 단어다. 내 삶에 마법이 일어날 수 있다면 얼마나 좋겠는가. 그러나 적어도 글쓰기에서는 마법이 일어날 수 있다. 한 대학생이 대학원에 진학하기 위해 자기소개서를 썼다. 내용이 적잖게 길었는데, 아래는 그 내용을 요약한 것이다.

모 대학교에 사회학부로 입학했습니다. 취업을 위해 교직 이수를 하였습니다. 복수전공은 천문학이었습니다. 어릴 적부터 별을 좋아했기 때문에 미련을 버리지 못했습니다. 천문학 수업을 받으면서 그 길이 저의 적성에 맞는 사실을 알았고, 더욱 공부하고자 하는 열정이 생겼습니다.

이 글의 첫 문장을 다음과 같이 바꾸면 마법이 일어난다. 많은 이야기를 담은 한 문장은 읽는 이에게 합격시키고 싶은 마음이 들게 한다.

천문학은 제 인생의 나침반입니다. 대학에 들어가서 세 갈래 항로를 만났습니다. 경영학, 교직, 그리고 천문학입니다. 모두 좋았지만 어릴 적 꿈인 천문학이 적성에 맞음을 알았습니다.

2 문장이 글쓰기를 이끈다

　배움에 있어 가장 중요한 것은 스승을 잘 만나는 일이다. 글쓰기 마법사들은 문장으로 자신을 드러낸다. 글을 잘 쓰려면 문장에 눈을 떠야 한다. 몸의 세포가 글에 이끌려야 한다. 작가 함정임은 〈소설가의 여행법〉에서 마음을 사로잡은 문장을 고백했다. 얼마나 강렬한 인상을 받았던지 '이보다 더 아름다운 문장을 앞으로 만날 수 있을까'라고 토로했다.

　봄철 티파사에는 신들이 내려와 산다. 태양 속에서, 압생트의 향기 속에서, 은빛으로 철갑을 두른 바다며, 야생의 푸른 하늘, 꽃으로 뒤덮인

폐허, 돌더미 속에서 굵은 거품을 일으키며 끓는 빛 속에서 신들은 말한다. 어떤 시간에는 들판이 햇빛 때문에 캄캄해진다. 두 눈으로 그 무엇인가를 보려고 애를 쓰지만 눈에 잡히는 것이란 속눈썹 가에 매달려 떨리는 빛과 색채의 작은 덩어리들뿐이다.

―까뮈, 〈티파사에서의 결혼〉

 햇빛이 구석구석 스며들어 완벽한 봄을 만든 현장, 쏟아지는 광선 때문에 눈이 부셔 순간적으로 암흑에 사로잡히는 곳. 천상의 풍경이라 하지 않을 수 없다. 함정임은 이 글의 첫 문장을 '언제나 첫사랑의 밀어처럼 가슴속 깊이 간직하고 있다.'고 말한다. 세계적인 카뮈 전공자 김화영 역시 똑같은 글에 매료되어 카뮈에 대한 연구를 시작했다. 이 정도면 대단한 문장 아닌가.
 나에게도 그런 글이 있다. 젊은 시절 읽었던 글 한 토막이 지금까지 심장 한가운데 박혀 있다. 소설가 이병주가 〈행복어사전〉에 쓴 문장이다. 덕수궁 돌담길. 늦은 시간. 두 남녀가 골목에서 우연히 마주친다. 마음에 둔 여자를 생각지 않게 만난 남자는 한껏 들떴고, 종국에는 사랑을 고백한다.

 그녀는 사르르 눈을 감았다. 깊은 속눈썹이 내리깔려 불빛을 받곤 그림자의 무늬를 엮었다. (중략)

"그토록 나를 원해요?"

그녀의 말은 까물어들 듯 떨었다. 그 가냘픈 소리를 내 가슴에 새겨듣기 위해선 일순 지구가 숨을 죽여야 했고 시계가 멎어야 했다.

감은 눈. 떨리는 목소리. 고운 얼굴. 마음을 허락한다는 여자의 말에 남자는 귀를 의심한다. 두근두근. 그 순간은 오로지 둘만이 존재하는 황홀한 시간이다. 모든 사물이 두 연인을 위해 하던 일을 멈추고 자리를 비켜주며 축복하는 순간이다. 마지막 한 줄 '그 가냘픈 소리를 내 가슴에 새겨듣기 위해선 일순 지구가 숨을 죽여야 했고 시계가 멎어야 했다.'는 대목은 젊은 날의 나를 고동치게 했다.

이와 비슷한 마법은 우리 시대 글쓰기 마법사인 박완서의 글에서도 나타난다. 작가의 아주 오래된 소설 〈목마른 계절〉에는 다음과 같은 내용이 나온다. 짓궂은 남자 주인공(준식)은 단 한 번 만난 여자(진이)의 볼에 깜짝 키스를 한다. 여자는 싫지 않았지만 첫 경험인 탓에 당황하고 끙끙 고민한다. 작가는 그 마음을 이렇게 표현했다.

"진이는 그날, 마치 볼에 입술이 닿은 것만으로 가슴에 화인(火印)을 입었다."

마법의 문장은 지워지지 않는다. 평생을 따라다닌다. 가슴에 불덩이처럼 새겨진 그 문장은 어느 순간 독자의 삶을 바꾸는 마법을 일으킨다. 작가 김진규는 이렇게 말했다.

"모든 문장은 나를 위해 존재한다. 어떤 존재도 나에게 그렇게 해 줄 수 없을 것이다."

3 글의 마법으로 이뤄진 세계

마법의 문장은 어디서나 만날 수 있다. 당신이 마법에 눈을 뜨는 순간, 비로소 보이기 시작한다. 아는 만큼 보인다는 말은 글쓰기 세계에서도 똑 들어맞는다. 다음 마법의 문장을 보자.

당신이 30초 만에 철학자가 되는 방법이 있다.
―베리 로워, 〈30초 철학읽기〉

왜 이 문장이 마법인가. 이 글을 읽는 순간 독자들은 '그 짧은 시간에 철학자가 될 수 있다니 말이 돼?'라며 의문을 가질 것이다. 그런데 이어지는 글을 읽으면 수긍하지 않을 수 없다.

  이 말에 회의적인 생각을 품었다면 여러분은 이미 철학자가 되기 위한 첫걸음을 살짝 뗀 셈입니다. 회의적인 태도와 문제를 따지고 드는 자세야말로 철학의 핵심입니다.

  철학의 본질을 꿰뚫은 우스갯소리가 아닐 수 없다. 그런가 하면 시는 마음을 움직이는 마법의 결정체다. 겨우 한 문장인 아래 정지용의 시는 독자의 무릎을 치게 만든다.

얼굴 하나야
손바닥 둘로
폭 가리지만
보고 싶은 마음
호수만 하니
눈 감을 밖에.

-정지용, '그리움'

  이 시가 애타는 그리움을 절묘하게 표현했다면 최승자의 시는 사무치는 외로움의 깊이를 처절하게 드러냈다.

물러서라!
나의 외로움은 장전되어 있다.
하하, 그러나 필경은 아무도
오지 않을 길목에서
녹슨 내 외로움의 총구는
끝끝내 나의 뇌리를 겨누고 있다.

―최승자, '외로움의 폭력' 중

'주차장 나비'라는 특이한 제목을 달고 있는 다음 시는 어떤가. 제목만 본다면 주차장에 사는 나비가 소재인 듯 보인다. 그러나 실제 내용은 전혀 다르다.

그녀의 양 볼에서
날개가 한 장씩 튀어 나온다
여기는 말하자면 지하의 강나루
미소가 나비가 되었다
서로가 날려 보낸 나비들에게서
광채가 난다
나비를 만들어 본 사람만이
나비를 볼 수 있다

창문이 없다
밖을 내다볼 수 없는 지하 주차장
환기통을 겨우 빠져나온 빛줄기 하나
숲에서처럼 길을 잃었다
침침한 벽을 밝히는 나비들
그녀가 미소하고 내가 답하면
주차장 나비는
멸종하지 않을 것이다

-최희준, '주차장 나비'

    어두컴컴하고 텅 빈 지하, 모르는 사람이 나타나면 어색하거나 무서운 곳. 그때 한쪽에서 같은 아파트에 사는 지인을 만났다. 안도감과 함께 환하게 미소 짓는 모습이 어둠 속에서 환히 빛날 것이다. 시인은 아마 이런 상황을 겪은 것이 아닐까. '그녀의 양 볼에서 나비가 나온다'는 표현은 중독성이 있다. 마음속에서 쉽게 지워지지 않는다.
    탄성을 지르게 하면 마법이다. 마음을 흔들면 마법이다. 눈물 짓게 하면 마법이다. 점잖은 독자를 너털웃음 짓게 하는 글 역시 마법이다. 베르나르 베르베르의 〈웃음〉에는 다음과 같은 대목이 나온다.

나는 텔레비전이 교양에 매우 유익하다고 생각한다.

텔레비전이 교양을 기르는 데 좋다는 말은 언뜻 이해가 가지 않는다. 하지만 그 이유를 설명한 다음 글을 읽다 보면 절로 미소가 지어진다.

나는 텔레비전이 교양에 매우 유익하다고 생각한다. 집에서 누가 텔레비전을 켤 때마다 옆방에 가서 책을 읽으니 말이다.

4 마음을 움직이는 한 줄

　마법의 문장은 비단 문학, 철학과 같은 고상한 장르에만 있지 않다. 신문이나 방송, 지하철 벽보, 그 어디에서든 마주친다.

　2012년 런던 올림픽에서 펜싱은 큰 화제를 불러일으킨 종목이다. 특히 여자 에페 개인전 준결승전에서 신아람 선수의 '멈춰 버린 1초'는 전 국민의 공분을 샀다. 글쓰기 관점에서 당시 화제가 될 만한 것은 KBS 최승돈 아나운서가 경기를 중계하던 중 남긴 발언이었다. 최 아나운서는 신아람 선수가 첫 공격에 성공하자 "신아람 선수가 우리의 눈물샘을 찌르고 있다."라는 멘트를 날렸다. 이 멘트는 스피치지만, 글로 옮기면 수사가 뛰어난 문장이다.

은반의 요정 김연아는 2009년 밴쿠버 올림픽에서 전 세계인들의 마음에 마법을 걸며 대한민국 피겨스케이팅 사상 첫 금메달을 안겨줬다. 벅찬 그 감동의 여운을 재차 확인하고 싶은 것이 독자의 마음이다. 외신은 멋진 표현을 통해 여왕의 쾌거를 칭송했다.

　그녀는 조지 거쉰의 피아노협주곡 F장조에 호흡을 불어넣었다. 그녀는 악보 위의 음표처럼 은반 위를 미끄러져 내려왔다.
-AP 통신, 2012년 2월 26일자

　김연아는 잠자는 숲속의 공주를 깨운 왕자의 입맞춤처럼 노래에 생기를 불어넣었다. 마치 한 편의 뮤지컬처럼 배경음악과 주인공의 연기가 혼연일체를 이루고 있음을 표현했다. 대개의 경우는 선율이 선수를 이끌지만, 그녀의 연기는 너무 탁월해서 선율을 이끌었다. 마치 음표라는 나무 사이를 뛰어노는 요정의 모습이 연상된다. 이와 함께 뉴욕타임스(NYT)는 다음과 같은 표현으로 그날의 감동을 매듭지었다.

　그녀는 마치 반딧불의 바다와도 같이 명멸하는 카메라 플래시 앞에서 미소를 지으며 태극기를 두른 채 밤의 마지막을 수놓았다.

2010년 월드컵대회에서 대한민국 축구대표는 첫 판에서 그리스를 제압해 지구촌을 깜짝 놀라게 했다. 한 외국 신문은 이를 멋들어지게 표현했다.

　한국은 실수를 넘어서는 법을 알고 있었다. 그리스는 아무것도 아니었다. 일본인, 태국인, 중국인 등 아시아 사람들은 구분하는 것은 어려운 일이다. 하지만 공을 다루는 기술로 보자면 한국인들, 특히 남한인들은 눈을 떴다. 그리스는 아테네 공항으로 돌아가는 길이 가까워졌다. 한국이 킥오프와 함께 공을 점유했고, 유로2004 우승의 그리스는 잠들어 있었다. 허정무 팀이 쓴 희곡이 그리스 희곡보다 강력했다.
　　　　　　　　　　　-아르헨티나 일간지 올레!, 2010년 6월 12일자

　마지막 문장은 그리스와 그 나라의 대표적 상징인 희곡을 더해 승부의 결과를 센스 있게 표현했다. 마법의 문장은 자신의 정체를 쉽게 드러내지 않는다. 마법을 알아보는 자에게 손을 내민다. 아래 마법의 문장 역시 기사 속에 숨어 있어 잘 드러나지 않는다. 글을 잘 쓰려면 인터뷰 기사 읽기는 필수다. 왜냐하면 인터뷰이로부터 영감을 받은 글쓴이의 명문이 숨어 있기 때문이다.

　첫 영화 도전이라는 것이 믿을 수 없을 정도였다. 바라보는 것만으로도 아주 흥미로운 소녀였다. 아름다웠고 독특했다. 아무것도 하지 않고 있어도 그녀의 눈이 수많은 이야기를 하는 것만 같았다.

-중앙일보, 2011년 10월 30일자

영화 〈마사 마시 메이 마를린〉의 주연 배우 엘리자베스 올슨에 대한 숀 더킨 감독의 말이다. 감독은 첫눈에 올슨에게 반했다. '그녀의 눈이 수많은 이야기를 하고 있다'는 문장을 잘 음미해 보라. 별빛이 쏟아질 듯한 눈이 연상되지 않는가? 활기차고 영민한 모습을 이보다 더 단순하게 표현하기란 쉽지 않다.

몇 줄로 승부하는 광고는 마법의 백미다. 일본의 술 광고 중에 이런 카피가 있다.

아버지는 매일, 늘 똑같은 위스키를 마셨다. 어느 날 아버지를 졸라 비싼 자전거를 샀다. 그 이후로 아버지는 늘 드시던 위스키가 아닌 다른 위스키를 마셨다.

광고의 마지막 문장은 다음과 같다.

그러나 내가 기억하고 있는 것은 드시지 않았던 위스키, 바로 아버지의 위스키 '산토리 각'이다.

광고 카피는 마음을 움직이기 위한 결정체다. 텔레비전 광고는 시청자에게 끊임없이 마법을 걸어 제품을 각인시킨다. 만약 새해를 맞아 사랑하는 이에게 연하장을 보낸다면 어떻게 쓸까? 다음과 같은 광고 카피를 가져오면 어떨까?

1월 1일. 당신의, 마음 안에 있고 싶다.

−이시은, 〈짜릿하고 따뜻하게〉

 마법은 일상 글쓰기에서도 일어난다. 취업을 앞둔 한 여학생이 있었다. 글쓰기 수업을 하며 그 학생의 자기소개서를 볼 기회가 있었는데 내용에 뚜렷한 특징이나 개성이 없었다. 단 하나 눈에 띄는 구절은 초등학교 때 2년 동안 축구부에 몸담고 있었다는 내용이었다. 여학생은 그 중요한 경험을 딱 한 문장으로 쓰고 지나쳤다.
 나는 그 여학생에게 당시 축구부 이야기를 좀 더 하도록 했다. 여학생은 초등학교 시절을 기억하기 시작했다. 늦도록 연습하며 힘들었던 이야기, 시합에서 승리해 얼싸안고 울었던 이야기 등이

나왔다. 중학교 입학 때 진로를 바꾸며 좌절했던 기억도 털어놓았다. 나는 자기소개서를 다시 써보라며 다음과 같이 말했다.
"주변에 축구부 생활을 2년간 한 여학생이 얼마나 될까요?"
"거의 없어요."
"그렇다면 그것은 얼마나 대단하고 소중한 경험인가요."
"……."
알고 보니 여학생은 운동을 했던 2년 때문에 삶이 엉켰고 매사에 소심해졌다. 그러나 현재 그녀의 삶과 어릴 적 축구부 경험은 뗄 수 없다. 축구장을 누비던 시절을 자랑스럽게 생각하는 순간 그녀는 씩씩하고 당찬 여성으로 변모한다. 그 여학생이 미당 서정주의 시를 인용해 다음과 같이 글을 썼다면 어땠을까.

나를 만든 건 8할이 축구였습니다. 만약 그 꿈을 향해 달렸더라면 지소연처럼 국가대표가 되었을지 모릅니다. 초등학교 2년간의 축구부 경험은 축구장 크기만큼이나 나를 성숙시켰습니다.

지소연 선수와 같은 꿈을 꾼 소녀, 당시 전국 리그에서 똑같이 우승을 꿈꾸던 소녀. 그 여학생은 바로 그런 사람이었다. 여자 축구선수라는 꿈을 포기하면서 꿈을 향해 뛰었던 기억마저 잃어버렸지만 과거의 기억을 되살림으로써 그녀는 새롭게 태어났다.

우리는 때론 꿈을 향해 가다 다른 길로 접어든다. 그리고 그 기억들을 까마득히 잊고 산다. 그러나 과거는 현재의 어머니다. 같은 길을 가는 듯 보이지만 우리는 자신만의 길을 걸어왔다. 누구도 똑같은 길을 가지 않는다. 따라서 그 경험은 몹시 소중하다.

아래 사례는 한 여학생이 쓴 자기소개서다. 자신을 '누렁소'라고 비유하여 잘 풀어썼다.

어느 농촌에서나 모든 일에서 필요로 하는 누렁소처럼 저는 어느 조직에서도 조화롭게 어울려 묵묵히 제 몫을 다하는 사람입니다. 누렁소는 또한 순수하고 우직하기에 언제나 다른 사람의 관점에서 생각하며 사려 깊게 행동합니다.

이 학생은 왜 하필 자신을 누렁소라고 표현했을까? 알고 보니 훌륭한 스토리를 간직하고 있었다. 글쓰기가 부족하다 보니 그 사연이 빠진 것이다.

저는 시골 누렁소처럼 어느 조직에서도 조화롭게 어울려 묵묵히 제 몫을 다하는 사람입니다. 어릴 적에 시골에서 누렁소를 키운 경험이 있습니다. 부모님이 맞벌이를 해, 부득이하게 시골 할머니 집에서 컸던 것입니다. 가끔 새벽에 일어나 여물을 줬던 기억이 새롭습니다.

어스름한 새벽에 할머니와 함께 여물을 주던 경험은 얼마나 소중한가. 이 학생이 그 사실을 깨달음으로써 비로소 자신을 상징하는 누렁소의 참 의미가 반짝 빛난다. 잃어버린 기억을 찾는 일은 진짜 나를 찾는 여정이다. 글쓰기는 그 사실을 일깨운다. 학생들이 글을 잘 썼다면 삶이 달라졌을 것이다. 그런 의미에서 글쓰기는 시간여행이다. 과거의 나를 새롭게 만나고 미래의, 상상 속의 나와 만나는 일이다.

6 글쓰기는 모험이다

글쓰기는 모험이다. 누구나 글을 쓴다. 우리말 단어나 문장을 쓰지 못하는 이는 없다. 반면에 영어는 그렇지 않다. 외국어를 배우는 일은 부끄럽지 않지만, 국어로 된 글쓰기를 배우는 일은 왠지 특이한 일이 된다. 그러나 글을 쓰긴 하지만 늘 부족하고, 무엇보다 첫 시작 한 줄을 쓸 때마다 막막한 이들이 있다. 이들에게 글쓰기를 배우는 일은 모험이다.

많은 이들이 피아노나 기타, 골프와 테니스, 라틴댄스나 살사댄스 같은 취미를 배운다. 여러 이유가 있겠지만 배움을 통해 남이 갖지 못한 특기를 가지는 보람이 있을 터이다. 이를 위해서는 숱한 어려움을 극복해야 한다. 모험인 것이다. 글쓰기도 그렇다. 고통스러운 시간을 겪고 나면 보통 글쓰기를 넘어서 마음을 움직이는 강력한 기술을 익힐 수 있다.

〈이상한 나라의 앨리스〉는 우연히 말하는 토끼를 따라 동굴 속으로 뛰어들면서 모험의 세계로 들어간다. 뜻하지 않게 이 책을 서점에서 집었다면 당신은 행운아다. 평생 모를 수도 있을 이 흥미로운 모험에 대해 알게 되었기 때문이다. 더구나 글쓰기의 모험은 떠나는 이가 아직 많지 않으니 특별할 수밖에.

당신은 이 길에 들어섬으로써 글쓰기 모험이 얼마나 흥미로운 세계인지 경험할 것이다. 실로 이 모험은 경이로움의 연속이다. 그 길에는 수많은 글쓰기 마법사들이 있으며 그들이 만들어 낸 찬란한 문장이 있다. 글쓰기의 길은 바로 이 문장 속으로 나 있다. 마법사들이 이미 지나간 길이다. 아무도 가르쳐 주지 않는 상황에서 그들은 묵묵히 또 다른 마법사들의 글을 따라 걸었다. 작가 신경숙이 대표적이다.

신경숙 작가는 필사를 통해 고수가 되었다. 필사와 관련해 그녀가 주목받는 이유는 남보다 더 오래, 치열하게 그 고행의 시간을 견뎠기 때문이다. 이 과정은 산문집 〈아름다운 그늘〉에 잘 나와 있다. 책에 따르면 그녀는 대학 1학년 여름방학을 필사로 보냈다. 그 시작은 서정인의 〈강〉이었다.

나는 〈강〉을 그대로 옮겨 써보고 싶은 충동으로 만년필에 잉크를 채웠다. 그리고 노트를 폈다. 한 자 한 자 옮겨 적기 시작했다. (중략) 〈강〉을 시작으로 나는 그 여름을 내 노트에 선배들의 소설을 옮겨 적는 일을 하며 지냈다. 최인훈의 〈웃음소리〉, 김승옥의 〈무진기행〉, 이제하의 〈태평양〉, 오정희의 〈중국인 거리〉, 이청준의 〈눈길〉, 윤홍길의 〈장마〉, 최창학의 〈창〉, 강호무의 〈화류항사〉…

그냥 눈으로 읽을 때와 한 자 한 자 노트에 옮겨 적어 볼 때와 그 소설들의 느낌은 달랐다. 소설 밑바닥으로 흐르고 있는 양감을 훨씬 더 세밀히 느낄 수가 있었다. 그 부조리들, 그 절망감들, 그 미학들.

필사를 하면서 나는 처음으로 이게 아닌데, 라는 생각에서 벗어날 수 있었다. 이것이다. 나는 이 길로 가리라. 필사를 하는 동안의 그 황홀함은 내가 살면서 무슨 일을 할 것인가를 각인시켜준 독특한 체험이었다.

―신경숙, 〈아름다운 그늘〉

필사, 베껴 쓰기를 해 본 이는 알겠지만 지루하다. 하지만 모든 일이 그렇듯 사랑하면 미칠 수 있고, 미치면 일을 낼 수 있다. 필사를 하다 보면 아름다운 문장과 만난다. 그 문장과 사랑에 빠지면 필사는 즐거운 일이 된다.

필사를 해야 하는 이유는 언어의 표현법과 문장의 구조, 글의 서술 방식을 익히기 위해서다. 누구나 한 번쯤 책을 읽다가 좋은 글에 반한다. 대개 그러고 만다. 반면에 깨어 있는 자는 밑줄을 긋고 마음에 품고 그것을 글로 옮긴다. 그것에 창의력과 상상력이 더해져 단 하나의 문장으로 태어난다. 따라서 그 문장을 익히는 일이 글쓰기의 첫걸음이지 않겠는가.

   때론 우회로가 빠르다. 글쓰기는 다른 모든 예술처럼 혼자 배우기 어렵다. 만약 이래도 안 되고 저래도 안 되면 그냥 따라 하는 쪽이 속 편하다. 자, 이제 마법사의 글을 필사하며 글쓰기 모험을 본격적으로 떠나보자.

7 마법사의 글 필사하기

다음은 필사에 도움이 될 만한 멘토들의 글이다.

•••박완서-못 가본 길이 더 아름답다

못 가본 길에 대한 새삼스러운 미련은 노망인가, 집념인가. 올해가 또 경인년이기 때문인가, 5월이란 계절 탓인가, 6월이 또 오고 있기 때문인가. 나는 누구인가? 잠 안 오는 밤, 문득 나를 남처럼 바라보며 물은 적이 있다. 스무 살에 성장을 멈춘 영혼이다. 팔십을 코앞에 둔 늙은이이다. 그 두 개의 나를 합치니 스무 살에 성장을 멈춘 푸른 영혼이, 80년 된 고옥에 들어앉아 조용히 붕괴의 날만 기다리는 형국이 된다. 다만 그 붕괴가 조용하고 완벽하기만을 빌 뿐이다.

-〈못 가본 길이 더 아름답다〉

박완서의 원래 꿈은 소설가가 아니었다. 대학에서 학문을 하고 싶었다. 하지만 전쟁으로 인해 꿈이 산산조각 나버렸다. 그런데 느닷없이 가지 못한 길에 대한 회한이 사무쳤다. 엇갈린 삶의 행로에 대한 미련으로 가슴이 타올랐다. 그 상황을 작가는 '스무 살에 성장을 멈춘 푸른 영혼이 팔십 년 된 고옥에 들어앉아 붕괴할 날만 기다리는 형국'이라고 빗댔다. 바로 다음과 같은 심정이었을 것이다.

'아, 나는 삶의 시추를 돌려 간절히 그 시절로 돌아가고 싶다. 나이의 갑옷을 벗어 던지고 훨훨 날고 싶다. 그러나 몸은 밧줄에 묶여 있다. 결국 어쩔 수 없이 죽음을 맞을 수밖에!'

삶의 끝자락에서 돌연 찾아온 젊은 날의 꿈 앞에 절망하는 모습이 안타까움을 자아낸다. 당시에 죽음을 예감한 듯, 박완서는 이 글을 쓴 후 다시는 봄을 보지 못했다.

●●● 김훈-푸른 날치 떼 등에서 햇빛이

초여름에는 날치 떼가 바다 위를 날았다. 날치는 꼬리로 수면을 때리면서 몸을 공중에 띄우고 가슴지느러미를 날개처럼 펼쳐서 물 위를 날아갔다. 수천 마리가 한꺼번에 날아오르면 대열을 이룬 푸른 등에서 햇빛이 물결로 일렁거렸다. 날치의 무리가 안개 속을 날아갈 때는 새들이 물속을 날아가는 것처럼 보였다. 날치는 어른 키보다 높이 떠서 수십 걸음을 날아갔다. 한 무리가 날아가다가 물 위에 내려앉으면 다른 무리가 솟구쳐 올랐다. 날치 떼는 긴 물결무늬를 이루며 바다를 건너갔다.

-〈흑산〉

김훈은 자신의 글쓰기를 '영세한 필경'이라고 부른다. 그의 겸손함을 그대로 받아들일 이는 없을 것이다. 어찌 그의 글을 영세하다 할 것인가. 그가 이룬 결과물은 광대한 바다와 같다. 그 속에서 작가는 펄떡이는 생선처럼 글의 바다를 누비고 있다.

이 글에서 보듯 그의 문장은 자세한 관찰과 치열한 사유의 열매다. 작가는 언어로 사물을 명징하게 드러내야 한다. 그 고통은 필경이 아니라 전투다. 그 전투를 지휘하는 칼은 짧다. 그는 글을 단문으로 표현하는 데 탁월하다. 단문 쓰기는 글의 속도를 높이고 긴장감을 준다.

●●● 김애란—종이 비늘 달린 물고기 되어

그는 포스트잇들이 거대한 담쟁이덩굴 같다는 생각을 했다. 혹은 소나무 껍질 같기도 했고, 물고기 비늘같이도 느껴졌다. 방은 촘촘한 비늘에 덮인 어떤 생명체 같았다. 비늘이 붙어있지 않은 창문과 방문은 그 생명의 어떤 기관처럼 느껴졌다. 그는 겨우내 닫아두던 창문을 활짝 열었다. (중략) 그럴 때면 다섯 개의 벽면에 붙은 포스트잇들은 일제히 파르르 몸을 떨었다. 그러자 그것은 더욱 살아있는 것처럼 보였다. 그는 그 방 전체가 하나의 종이 비늘이 달린 물고기가 되어 부드럽게 세상을 헤엄쳐 다니는 상상을 했다. 그는 물고기의 지느러미 옆에 붙어 있는 듯한 기분도 느꼈고, 반대로 자신이 물고기의 뱃속에 들어가 있는 것 같은 기분도 느꼈다. 어디가 안이고 밖인지 알 수 없었다. 마지막 포스트잇을 붙이고 나면 물고기가 싱싱한 등허리를 파닥거리며 자신을 데리고 어딘가로 헤엄쳐갈 것이라고 그는 생각했다.

-김애란, '종이 물고기'

김애란의 소설집 〈달려라, 아비〉의 단편소설 '종이 물고기'의 일부다. 김애란의 글은 간결하고 날렵하다. 군더더기가 없기에 씹을수록 담백하다. 때문에 목구멍에 걸리는 것 하나 없이 매끄럽게 술술 넘어간다. 여기에 기발한 상상력이 넘치는 묘사가 더해진다.

그녀는 무기력한 소재에 생동감을 불어넣었다. 바람에 포스트잇이 나부끼는 상상을 해 보라. 펄떡이는 물고기 같지 않은가. 멋진 묘사다. 사실 이 글 자체가 살아있는 물고기다. 글을 잘 쓰려거든 포스트잇과 친해져야 한다. 작가가 그랬듯, 그 종이 물고기는 당신을 글쟁이의 길로 인도하기 때문이다.

●●● 무라카미 하루키 - 과거는 앨범 속에서 수정된 채

공기는 어딘지 모르게 찌릿해져 있었고, 조금 힘을 주어 걷어차기라도 하면, 대개의 것들은 싱겁게 무너져 사라져 버릴 것 같았다. -19쪽

나와 그녀가 함께 찍은 것은, 그녀의 부분만이 정확히 도려내어져, 나만이 남겨져 있었다. 나 혼자 찍은 사진과 풍경이나 동물을 찍은 사진은 그대로였다. 그러한 세 권의 앨범에 수록되어 있는 것은 완벽하게 수정된 과거였다. -35쪽

눈동자는 자세히 보니 신비한 빛을 띠고 있었다. 갈색이 감도는 검정에 파랑색이 아주 조금 들어 있고, 오른쪽과 왼쪽이 들어가 있는 정도가 달랐다. 마치 오른쪽과 왼쪽에서 다른 일을 생각하고 있는 듯한 눈동자였다. -134쪽

-〈양을 둘러싼 모험〉

아마 하루키의 문장에 반해 그의 모든 책을 섭렵한 이들이 적지 않을 것이다. 나 역시 그의 팬이었다. 〈상실의 시대〉부터 〈렉싱턴의 유령〉까지 첫 문장부터 끝 문장까지 하나를 놓칠 새라 꼼꼼히 읽었다. 한마디로 당시에는 그의 글에 반했다. 한 10년쯤 흐른 후 갑자기 대체 내가 그의 어떤 문장에 반했나, 싶은 생각이 들었다.

서재에서 그의 책 한 권을 꺼내 다시 읽었다. 그랬더니 지금 봐도 예사롭지 않은 문장을 수확할 수 있었다. 압권은 맨 마지막 대목이다. 두 눈동자가 서로 다른 생각을 한다니. 정말 대단한 상상력이다.

●●● 헤르타 뮐러-바람조차 허기를 먹여 키웠다

내가 하는 모든 일에 배고픔이 담겨 있었다. 모든 대상이 길이, 넓이, 높이, 색깔 면에서 내 배고픔의 외연이 되었다. 하늘이라는 이불과 땅과 먼지 사이 모든 장소가 각기 다른 음식 냄새를 풍겼다.

수용소 부지는 캐러멜, 수용소 입구는 갓 구운 빵, 수용소를 가로질러 공장으로 향하는 길은 따뜻한 살구, 공장의 나무 울타리는 설탕 입힌 견과… 잡초 속의 송진덩어리에서는 설탕에 절인 모과 냄새가, 코크스가 마에서는 멜론 냄새가 났다. 그것은 마법인 동시에 고통이었다. 바람조차 허기를 먹여 키웠다.

-〈숨그네〉

〈숨그네〉는 루마니아 독재 치하의 참혹한 강제수용소의 모습을 담은 소설이다. 수용자들은 혹독한 추위나 노동을 뛰어넘는 끔찍한 배고픔의 고통을 겪었다. 삶과 죽음의 경계를 아슬아슬 오가는 극한 상황에서 그들 앞에 보이는 사물이 음식으로 비치는 마법이 펼쳐진다. 마치 '성냥팔이 소녀'가 따뜻한 할머니 품이란 환상에 사로잡히듯. 헤르타 뮐러는 언어의 연금술사다. 그녀의 '사전'에는 '바람조차 허기를 먹여 키웠다.'는 문장이 수두룩하다.

●●● 미시마 유키오-금각사는 거대한 닻에 잠긴 듯

내 가슴은 마구 설레었다. 이제부터 이 세상에서 가장 아름다운 걸 보게 되는 것이다. 해는 기울기 시작하고 안개에 묻혀 있었다. 연못을 사이로 건너편에는 긴카쿠가 저물어 가는 해 앞에 정면으로 서 있었다.

나는 가느다란 난간에 기댄 채 우두커니 연못을 내려다보고 있었다. 연못은 석양빛을 받고 녹슨 옛날의 동경(銅鏡) 같은 거울에 긴카쿠의 그림자를 수직으로 떨구고 있었다. 물풀과 마름이 떠 있는 저 아래쪽으로 서녘 하늘이 보였다.

그 하늘은 우리들 머리 위에 있는 하늘과 달랐다. 그건 맑고도 고요한 빛으로 충만해 있었고, 밑에서부터 혹은 안쪽에서부터 이 지상 세계를 감싸 안은 듯했다. 긴카쿠는 그 속에 검게 녹슨 거대한 순금 닻처럼 잠겨 있었다.

-〈금각사〉

〈금각사〉의 명문장이다. 주인공 미조구치는 어릴 적부터 깊이 동경하던 긴카쿠(금각사)를 실제로 보게 된다. 하지만 지나친 기대 때문일까. 아무런 감동을 느끼지 못한다. 긴카쿠가 그 아름다움을 감추려고 위장했다고까지 여긴다. 즉 '아름다움이 스스로 지키기 위해서 눈을 현혹시키고 있다'는 것이다. 긴카쿠는 말없이 연못 속에 잠겨 있다. 그러나 주인공의 심리에 따라 긴카쿠는 침묵을 털고 일어서는가 하면, 광포하게 움직이고, 봉황처럼 밤하늘을 날아간다. 그리하여 주인공과 긴카쿠의 관계는 마침내 파국으로 치닫는다.

●●● 장석주—봄 마당 꽃들의 출석부 들고

 눈 녹은 자리에서 가장 먼저 피는 꽃이 복수초다. 금단추 같은 복수초가 노란 꽃망울을 터뜨리면 그 옆에서 노루귀가 분홍 꽃을 피운다. 복수초보다 먼저 흙을 뚫고 싹을 내미는 것은 상사초고, 그다음이 수선화다. 그 뒤로 산수유, 목련, 매화, 살구, 자두, 앵두, 조팝나무 등이 차례로 꽃을 피우고, 그 아래 제비꽃, 민들레, 은방울꽃이 핀다. 해마다 봄 마당에서 꽃들의 출석부를 들고 이름을 하나씩 호명하는 것은 그것들이 '살아 있는 기쁨을 느끼고 나누고 싶은 생명 본연의 원초적인 활력'을 주는 까닭이다.

-〈만보객 책속을 거닐다〉

 작가는 다방면에 풍부한 상식을 지녀야 한다. 일종의 지식수집꾼이다. 꽃이나 나무 이름을 줄줄 써 내려가는 작가들은 경외의 대상이다. 그런데 꼭 필요해서가 아니라, 글을 쓰려 하다 보니 자연스럽게 알게 되는 면이 있다. 창 밖 풍경 속에서 꽃 하나를 보고 글을 쓸 때, 이야기를 이어가려면 부득불 사전을 뒤지지 않을 수 없다. 또한 정확히 써야하므로 남보다 몇 번 더 지식에 대해 연구하게 된다.
 재미있는 사실은 소설이나 시집에서 본 꽃 이름을 독자는 잘 기억하지 못한다는 것이다. 읽고 그냥 잊어버린다. 하지만 필사를 하다 보면 한두 개는 마음에 남는다. 그럼으로써 내 것이 된다. 글을 쓰는 일은 봄꽃 이름을 불러주는 일과 같다. 꽃들의 출석부!

●●● 카뮈–봄은 헤아릴 수 없는 밀물이다

파리의 봄 : 하나의 약속 혹은 마로니에 잎의 새싹 하나, 그로 인해 비틀거리는 마음. 알제에서는 그 변화가 더 갑작스럽다. 그냥 장미꽃 봉오리 하나가 아니다. 어느 날 아침 숨이 컥 막히도록 맺힌 수천 개의 장미꽃 봉오리다. 우리의 가슴을 스쳐 지나가는 어떤 섬세한 종류의 감동이 아니라 수천 가지 향기와 수천 가지 눈부신 색깔들의 어마어마하고 헤아릴 수 없는 밀물이다. 뚜렷하게 드러나는 어떤 감성이 아니라 그야말로 육체가 공격을 당하는 것이다.

–〈작가수첩1〉

봄은 새싹 하나로도 마음이 흔들리는 계절이다. 알제는 어떤 곳일까. 수천 개 장미꽃이 일제히 핀 모습이라니. 세상에! 그 봄은 감동 따위로 표현할 수 없는 밀물 같은, 그저 느끼는 감정을 넘어 몸 전체가 휘청거리는 파격이다. 봄이 만드는 마법의 경이로움을 잘 드러냈다. 마치 풀 밭 위에 누워 하늘에서 눈처럼 떨어지는 꽃송이를 온몸으로 맞는 느낌이다.

●●● **귀스타브 플로베르-관능의 질감에 기뻐하던 그 손**

　신부는 종부성사를 시작했다. 먼저, 지상의 모든 영화를 그토록 탐내던 양쪽 눈 위에, 다음에는 훈훈한 미풍과 사랑의 향기에 욕심내던 코에, 이어 거짓말을 하고 또 오만 때문에 신음하고 욕정에 소리를 내지르던 그 입에, 동시에 관능의 질감에 기뻐하던 그 손에, 그리고 마지막에는 발바닥에, 옛날에 그녀가 욕망을 충족시키기 위해 서두를 때는 그토록 날렵했건만 이제 다시는 걷지 못할 양쪽 발바닥에 도유식을 했다.
　　　　　　　　　　　　　　　　　　　　　　　-〈보바리 부인〉

　이 글을 〈고전의 유혹〉을 쓴 잭 머니건으로부터 소개받았다. 저자는 책에 문학 사상 최고의 명작 50편을 소개하며 명문장을 발췌해 수록했다. 그는 〈보바리 부인〉 속의 이 글을 소개하며 "경이적인 구절"이라고 표현했다. 이 부분은 주인공 에마가 신성한 의식을 치르는 대목이다. 사람의 얼굴과 몸을 통해 주인공이 누구인지 설명하고 있다. 얼굴은 삶의 흔적이자 증거다.

●●● 김택근—문장은 언제나 시퍼렇게 살아

작가 최명희. 그는 생전에 단 하나의 소설에 매달렸다. 너무나 곱고 맑고 슬프기에 대하 예술소설이라 이름 붙은 〈혼불〉이 그것이다. 〈혼불〉을 읽으면 아프다. 작가의 온몸을 돌아 나온 문장은 언제 읽어도 시퍼렇게 살아있다. 귀기가 느껴진다. 사금파리에 베인 듯, 꾹 누르면 핏물이 나올 것 같다.

동천에서 한기가 쏟아지고, 곽곽한 황톳길이 아득히 펼쳐지고, 처연한 노을 자락이 들과 마을과 삶을 덮는다. 〈혼불〉은 일제시대 남원지방을 배경으로 종가를 지키는 여인 3대의 삶을 추적했다. 그의 글쓰기는 실로 무서웠다. 사람들은 그를 신들린 작가라 했다. 그 정치함, 그 치열함, 그 준열함에 몸을 떨었다.

-경향신문 '여적'

글을 쓰려면 롤 모델이 있어야 한다. 마음속에 글쟁이 하나를 두고 문장을 좇아야 한다. 경향신문 기자 출신인 김택근은 고(故) 김대중 선생으로부터 자서전 부탁을 받은 인물이다. 〈혼불〉에 대해 쓴 이 글은 탁월한 필력을 지닌 그의 필체가 드러나 있다.

첫 문장은 다섯 자다. 두 번째 문장은 세 배쯤 된다. 그다음은 좀 더 길다. 그런데 그 뒤는 짧아진다. 또다시 길었다, 짧았다 하는 문장이 이어진다. 단문과 장문이 적절하게 섞여 조화를 이룬 문장은 아름답다. 맛과 멋, 시각과 미각이 어우러진 비빔밥 같다. 배우고 익히기에 적합해 교본을 삼을 만하다. 글 속의, 장문 속의 단문은 읽는 이로 하여금 긴장감을 갖게 하고 그럼으로써 지루하지 않게 한다.

글쓰기 멘토들의 조언

❋ 글쓰기란 꽃씨를 심는 일

사람이 글을 쓰는 행위는 나무에 꽃이 피는 이치와 같다. 나무를 심는 사람은 가장 먼저 뿌리를 북돋우고 줄기를 바로잡는 일에 힘써야 한다. 이어 진액이 오르고 가지와 잎이 돋아나면 꽃을 피울 수 있게 된다. 나무를 애써 가꾸지 않고서 갑작스레 꽃을 얻는 일은 절대 일어나지 않는다.

나무의 뿌리를 북돋아주듯 진실한 마음으로 온갖 정성을 쏟고, 줄기를 바로 잡듯 부지런히 실천하며 수양하고, 진액이 오르듯 독서에 힘쓰고, 가지와 잎이 돋아나듯 널리 보고 들으며 두루 돌아다녀야 한다. 그렇게 해서 깨달은 것을 헤아려 표현한다면 그것이 바로 좋은 글이요, 사람들이 칭찬을 아끼지 않는 훌륭한 문장이 된다. 이것이야말로 참다운 문장이라고 할 수 있다. 문장은 성급하게 마음먹는다고 해서 갑자기 이뤄지는 것이 아니다.

―정약용

❋ 글은 순간을 잊게 하는 힘

나는 대다수의 사람들처럼 뚜렷한 목표 없이 그냥 타성에 젖어 살고 싶지는 않습니다. 주변의 모든 사람에게 도움이 되고 기쁨을 주는 존재이고 싶습니다. 내 주위에 있으면서도 실제로는 나를 모르는 사람들에게까지 필요한 존재이고 싶습니다. 나는 죽은 후에도 여전히 기억되고 싶습니다. 그런 의미에서 글을 통해 마음속의 생각을 표현할 수 있는 글 쓰는 재능을 주신 하느님께 감사드리고 있습니다. 글을 쓰는 순간에는 어떤 일이라도 잊을 수 있습니다.

―안네 프랑크

2장
글쓰기 습관,
어떻게 만들 것인가?

글쓰기는 쉽다 : 백지를 응시하고 앉아 있기만 하면 된다. 이마에 핏방울이 맺힐 때까지(Writing is easy : All you do is sit staring at a blank sheet of paper until drops of blood form on your forehead.).

미국 저널리스트 진 파울러가 남긴 글쓰기 명언이다. 백지를 응시하기만 하면 글이 써진다니 정말 대단한 염력이다. 지금부터 백지 한 장을 놓고 같은 방식으로 해 보라. 글이 나오기는커녕 눈알이 먼저 튀어나오지 않을까.

우리는 가끔 실어증처럼 머릿속이 하얗게 되는 현상을 경험한다. 보이는 것은 어떤 형식이든 글로 나타낼 수 있다. 그러나 생각을 표현하고 논리적인 글을 이어가는 작업에서는 막힐 때가 있다. 특히 중요한 문서를 작성해야 할 때 그런 상황이 연출된다.

그럴 때 우리는 종종 글쓰기를 머릿속에서 해결하려고 한다. 그러나 만약 글을 쓰려는 순간, 머릿속이 백지장처럼 되면 어떻게 할 것인가. 하염없이 창밖을 내다보거나 연필만 굴리고 있을 것인가. 아니면 다음처럼 할 텐가.

영국 시인 에디스 시트웰은 글을 쓰기 전에 열려 있는 관 속에 들어가 눕곤 했다.

—다이앤 애커먼, 〈감각의 박물학〉

머릿속으로 백날 글을 써야 소용없다. 그것은 생각이지 글이 아니다. 우리 앞에 엉킨 실타래가 있다고 하자. 머릿속에서 푸는 것이 빠르겠는가, 아니면 손에 놓고 푸는 일이 더 빠르겠는가? 글쓰기의 최고 악덕은 백지 위에 글을 쓰지 않는 것이다. 글이 나오지 않을 때는 연관된 단어 하나라도 백지에 쓰라. 물론 봇물 터지듯이 어느 순간 글이 쏟아질 때도 있다. 그러나 글이 글을 이끌어내는 일이 빠르다. 실마리가 될 수 있는 활자 하나라도 기록하면 그 단어가 또 다른 단어, 나아가 문장을 이끌어 낸다.

 글쓰기에는 실제로 글이 나오지 않는 단계, 글을 쓰긴 하지만 문제가 있는 단계, 글을 제법 쓰지만 세련되지 못한 단계가 있다. 각 단계별로 처방이 따로 있다. 초보자에게는 첫 번째가 관건이다. 막힌 도랑물처럼 길이 뚫리고 물길이 열려 글이 콸콸 쏟아질 수 있게 해야 한다. 이때 필요한 방법이 '마구 쓰기'다.

 마구 쓰기는 아무런 제약 없이 자유롭게 글을 쓴다 하여 '프리라이팅'이라 불린다. 문법이나 글의 형식, 내용에서의 규제를 벗어나는 글쓰기다. 상소리를 해도 좋고 낯 뜨거운 내용을 써도 좋다. 우리의 목적은 다만 활자로 백지를 채우는 일이다. 백지 혹은 자판에다 글을 쉬지 않고 마구 써내려 가는 방식이다. 단어의 나열, 문장의 파편이나 토막글도 상관없다.

 연필 드로잉 할 때, 틀렸다고 지우개를 접어드는 순간 또다시 맥은 끊긴다. 틀리면 기존의 선을 무시하고 그 위에 다시 긋자. 지저분해진다고? 그게 더 멋있다. 곱게 다듬어지지 않고 거칠게 살아 움직이는 듯한 선. 그것이 빠른 드로잉의 매력이다.

―백남원, 〈드로잉의 정석〉

 골프 용어 중 '웨글(waggle)'이란 단어가 있다. 골프 선수들이 샷을 하기 전에 이리저리 몸을 흔들면서 하는 몸풀기다. 긴장감을 없애고 몸을 부드럽게 만들어 원하는 샷을 날리기 위한 워밍업이다. 마찬가지로 글쓰기를 위해 가장 먼저 할 일은 손가락 웨글이다. 타자기 앞에 손을 놓고 피아노 치듯 꼬물꼬물 손을 위아래로 흔들어라. 가상의 자판 위에 타이핑을 하는 셈인데 글을 나오게 하는 일종의 의식이다. 그런 다음 실제 자판 위에 손을 놓고 활자를 마구 쳐라.

마구 쓰기를 처음 하는 이는 마구 쓰는 일 자체가 쉽지 않은 행위인지 알게 된다. 그냥 백지를 채우는 일이 처음에는 마치 소설 한 편을 쓰는 듯 어렵다. 처음에는 무슨 말을 써야 할지 캄캄하다. 머릿속이 백지장이다. 이렇게 해 보자. 그냥 단어만 나열하자. 주변에 있는 사물 이름을 적어보자. 쉼표는 필요 없다. 책 이름도 괜찮다. 컴퓨터 뒤에 병풍처럼 서 있는 책 이름을 나열하자.

●●●서가의 책 이름 적어보기

음모는 없다/ 대칭과 아름다운 우주/ 경제학자 철학에 답하다/ 미술관 옆 인문학/ 백산주유소/ 만만한 출판기획/ 나는 세계일주로 자본주의를 만났다/ 슈뢰딩거의 고양이/ 인생은 짧고 욕망은 끝이 없다/ 요리 본능/ 이토록 아찔한 경성/ 천 년의 침묵/ 모반의 연애편지/ 난문쾌답/ 야만인을 기다리며/ 잔혹한 통과의례/ 네가 잃어버린 것을 기억하라/ 번역은 글쓰기다/ 기획에는 국경도 없다/ 6도의 악몽/ 디자이노베이션

●●● 보이는 사물 이름 나열하기

라디오/ 텔레비전/ 전자레인지/ 스피커/ 컴퓨터/ 옷장/ 서재/ 책꽂이/ 휴지/ 달력/ 책/ 공책/ 노트/ 연필/ 가슴/ 몸/ 다리/ 몸통/ 얼굴/ 머리/ 손톱깎이/ USB/ 주민등록증/ 명함/ 종이/ 물고기/ 창문/ 유리/ 하늘/ 나무/ 숲/ 공원/ 벤치/ 자동차/ 모자/ 골프백/ 기타/ 피아노/ 축음기/ 비디오/ 선풍기/ 구름/ 햇살/ 전화기/ 파리/ 새/ 그네

2 내 안의 문장을 찾아라

 연애편지를 쓴 사람은 누구나 놀라운 글쓰기 체험을 한다. 특히 밤에 편지를 쓰면 신기한 일이 벌어진다. 믿지 못할 아름다운 표현, 민망한 사연이 즐비하다. 하지만 아침에 부치려는 순간 휴지통으로 가기도 한다.
 짝사랑의 경우 글은 더욱 빛난다. 결핍과 갈망의 깊이가 더 심한 까닭이다. 사람은 글쓰기뿐만 아니라 다른 면에 있어서도 잠재력이 있다. 결정적인 순간에 괴력을 발휘하는 일이 글쓰기에서도 종종 벌어진다.
 대체 사랑을 하면 왜 글이 (비교적) 잘 써지는 걸까? 자신이 썼다고는 믿기 힘든 문장이 나오는 것일까? 이것은 혹시 글쓰기에서의 잠재력을 말해 주는 것은 아닐까? 혹은 문장들이 사랑해 주기를 기다리는 것은 아닐까? 소설가 김진규의 경우는 흥미롭다. 평생 소설 한 편 써보지 않은 그녀는 장편 〈달을 먹다〉를 내놓으며 작가가 됐다.

그녀는 학창 시절에 글을 잘 못 쓰는 학생이어서 백일장에서 상을 타거나 국어 선생님에게 칭찬을 받지도 못했다. 그러다가 주부가 되어 '아침에도 쓰고, 밤에도 쓰고, 설거지 끝내고 쓰고, 드라마 보다가도 쓰고, 정말 틈나는 대로 쓴' 끝에 작가가 됐다.

"(소설은) 독립운동이라고 말하고 싶네요. 내 안에 쟁여진 무수한 감정들이 글자 한 자 한 자의 등에 업혀 나로부터 독립을 하는…."
―제13회 문학동네 작가상 수상자 김진규 인터뷰

이는 어쩌면 당연한 일이다. 우리는 지금까지 살아오면서 엄청난 정보를 보고 듣고 읽어 왔다. 그런데 막상 글을 쓰려면 아무것도 생각나지 않고, 한 문장도 쓸 수 없을 때가 있다. 참 이해할 수 없는 아이러니 아닌가. 대체 그 방대한 지식과 정보, 경험은 어디로 사라진 것일까.

그런데 가끔 음악을 듣다 보면 불과 몇 초 만에 마음이 동요할 때가 있다. 갑자기 옛일을 되새기며 감회에 빠지거나 아련한 추억에 젖는다. 이는 외부 자극에 대한 내부의 반응이다. 몸 안팎의 정보가 화학작용을 일으킨 결과다. 다시 말해 음악이 잠자는 기억을 깨워서 불러낸 것이다.

그렇다면 그동안 체득한 지식과 정보, 지혜는 몸 어딘가에 쌓여 있지 않을까? 기억의 강 속에 깊이 잠겨 있어 제때 나오지 못하는 것은 아닐까? 무라카미 하루키는 이와 관련해 재미있는 표현을 하였다.

내 마음 속에는 수많은 '서랍'들이 있다. 내 서랍에는 수많은 소재들이 있다. 필요한 기억과 이미지들을 서랍으로부터 끄집어낸다.

이 서랍은 '기억의 도서관'에 대한 은유다. 우리의 뇌와 마음은 눈에 보이지 않기에 확신을 갖기 어려울 뿐이다. 글을 잘 쓴다는 일은 무언가 글을 많이 써본 경험이 있다는 이야기다. 연애편지든 서평이든, 보고서든, 일기든 글을 많이 써본 이들은 웬만큼은 쓴다.

글쓰기를 두려워하지 않는다. 두려워해도 일단 쓰면 쓸 수 있다고 믿을 수 있다. 그러나 글을 써보지 않은 이들은 첫 문장조차 두렵다. 만약 글을 많이 쓰지 않았다면 이제 그에 대한 대가를 치르는 수밖에 없다. 바로 이제까지 쓰지 않은 죄에 대한 벌이다. 그렇다면 마구 쓰기를 통해 글쓰기 분량을 마구 늘려가야 한다.

●●● 어릴 적 기억에 대해

다음은 〈롤리타〉를 쓴 블라디미르 나보코프의 글이다. 빼어난 글 솜씨의 단면을 이 책에서도 읽을 수 있다. 그러나 아래의 글은 무슨 뜻인지 알 수 없다. 그러나 바로 그 점 때문에 마구 쓰기용 교재로 적합하다. 마구 쓰기는 그 내용이 무슨 뜻인지 몰라도 문제없다.

어릴 적부터 나는 제비꽃과 음악을 사랑했다. 나는 츠비카우에서 태어났다. 아버지는 제화공이고 어머니는 세탁부였다. 내게 화가 나면 어머니는 체코어로 식식댔다. 내 유년 시절은 어둡고 기쁨이 없었다. 성인이 되자마자 방랑길에 올랐다. 나는 바이올린을 연주했다. 나는 왼손잡이다. 얼굴은 달걀형이다. 나는 늘 여자를 멀리해왔다. 배신하지 않은 여자는 없다. 전쟁은 아주 끔찍했다. 그러나 모든 것이 지나가듯 전쟁도 지나갔다. 모든 쥐는 제 집에 있다. 나는 다람쥐와 참새를 좋아한다. 맥주는 체코가 더 싸다. 아 대장간에서 발에 판자를 박아준다면 얼마나 많이 절약할 수 있겠는가! 장관이란 놈들은 다 매수됐다. 그리고 시 쓰기는 무의미한 짓거리다.

—블라디미르 나보코프, 〈절망〉

●●●극장을 떠올리며 추억 더듬기

　추억은 좋은 글감이다. 단어는 종종 추억을 불러일으킨다. 극장이란 단어는 어떤가. 처음 영화를 볼 때를 더듬어 보라. 나에게 극장은 꿈이었다. 나는 시네마 천국의 소년이었다. 어릴 적 아버지는 극장 기사였다. 늘 공짜로 영화를 봤다. 어릴 때 본 영화만 100편이 넘는다.

　영화는 현실이 아니었다. 현실에서 일어날 수 없는 일이 있는 곳이었다. 당시 봤던 영화의 한 장면을 기억하면 도저히 표현할 수 없는 기억 속으로 빨려 들어간다. 예컨대 칼 한 자루를 떠올리면 내 마음은 아릿한 그 시절로 돌아가 버리는 것이다. 다음은 〈시네마톡〉에 나온 영화평론가 심영섭의 글이다.

　그저 좋았다. 무조건 좋았다. 엄마의 자궁 같은 어두운 동굴, 코를 찌르는 팝콘 냄새와 살아서 움직이는 그림자 불빛. 현실이라는 밧줄에 묶인 처연한 영혼을 구하려는 힘센 감독. 그들을 만나는 기쁨이란! 극장은 내게 도피였고, 위로였고, 꿈꾸는 집이었다. 또한 행복이 만발하는 낙원이었으며, 스타라는 신들이 거하는 신전이기도 했다.

3 생각 호수로의 잠수

마구 쓰기는 심연으로의 여행이다. 우리 안에는 깊고 푸른 '생각의 호수'가 있다. 생각의 지류를 따라 깊숙이 들어가면 새로운 세계가 펼쳐진다.

사람의 의식구조는 빙산과 같다. 표면상 보이는 부분은 극히 일부에 지나지 않는다. 그 밑에는 거대한 잠재의식이 조용히 축적, 성장하고 있다. 우리가 창의적인 일을 한다는 것은 빙산의 꼭대기에서 구멍을 뚫고 내려가 그 밑에 자리하고 있는 모든 것을 탐색하고 채취하는 일과 같다.
－스탠 라이, 〈어른들을 위한 창의학 수업〉

이 글에서 보듯 우리 안에 숨어 있는 '거대한 잠재의식'은 창의력을 만드는 에너지다. 우리는 누구나 '기억의 도서관'과 '생각의 호수'를 가지고 있다. 그런데 글쓰기의 중요한 재료가 있는 이 장소에 어떻게 접근할 것인가. 저절로 기억이 복원되고 영감이 떠오르기를 기다릴 것인가.

아이디어는 물고기와 같다. 작은 물고기를 잡고자 한다면 얕은 물에 머물러도 된다. 그러나 큰 물고기를 잡으려면 깊은 곳으로 들어가야 한다. 깊은 곳에 있는 물고기는 더 힘세고 더 순수하다. 그놈들은 덩치가 크고 심원하며 아주 아름답다.

－데이빗 린치, 〈데이빗 린치의 빨간방〉

생각의 호수에는 물고기들이 산다. 어느 날 불현듯 떠오르는 영감이란 물고기. 가끔 펄떡이는 물고기가 머릿속에서 요동칠 때가 있다. 그 기분은 어릴 적 정전이 되어 칠흑이 된 집에 한순간에 온 형광등이 동시에 켜지는 상황처럼 짜릿하다. 그러나 그런 일은 매우 드물다. 글쟁이는 잠수부가 되어 종종 심연 속으로 들어가야 한다.

이때 가장 유용한 방법이 바로 마구 쓰기다. 극히 단순한 손놀림을 통해 생각의 호수에 잠겨있는 지식과 정보, 기억을 꺼내오면 된다. 브레인스토밍과 비슷하다 해서 '브레인라이팅'이라고도 한다. 마구 쓰기는 도구로서의 손의 특징이 가장 원시적으로 나타나는 기법이다. 현대인들은 손으로 마이크로칩을 만드는 일까지 하지만, 옛 인류는 돌을 갈아 도끼를 만드는 일을 했을 뿐이다. 마구 쓰기를 하는 순간은 오로지 타자용의 손만 있다고 여겨라. 마치 로봇처럼 손은 그저 정보운반자로 내 안의 지식과 정보를 나르는 일에 충실하라.

●●● 기분 나쁜 악몽에 대하여

꿈을 기록하는 일은 의미 있는 글쓰기 행위 중 하나다. 꿈은 무의식의 표상이다. 글을 어느 정도 쓰다 보면 소재의 고갈이 찾아올 때가 있는데, 꿈은 종종 우리를 새로운 세계로 안내한다. 때론 꿈이 일상보다 훨씬 매력적이다. 만약 악몽을 꾸거든, 언젠가 쓸 소설의 한 장면이 영화가 되었다고 여기자.

국립도서관에 갔다. 갑자기 사이렌이 울렸다. 자유 시간이다. 관중은 소리를 지르며 춤을 췄다. 갑자기 한 여성이 끌려갔다. 직원이었다. 그녀는 다른 직원으로부터 심문을 받았다. 직원이 자유 시간에 참여하는 일은 금지였다. 그녀는 잘못을 사죄했다. "한 번만 살려주세요." 그러나 심문하는 직원의 표정은 미동이 없었다. "나도 모르게 그렇게 됐어요." 애처로웠다. 그 모습을 보다 못해 내가 나섰다. "그럴 수도 있잖소. 직원이 참여하면 안 되는 규정이라도 있나요?" 직원은 나를 힐끗 쳐다봤다. 여자도 나를 쳐다봤다. 여성은 나에게 구조의 신호를 보내고 있었다. "선생님 일이 아닙니다. 일 보세요." 직원이 차갑게 말했다. 나는 포기하지 않았다. "그녀를 용서해 주세요." "안 됩니다." 직원의 인상이 구겨졌다.

●●● 내 생애 최고로 기뻤던 일

지나온 삶 속에서 잊지 못할 사건을 기억 속에서 끄집어내 보자. 기뻤던 일을 기록함으로써 누구에게 들려줄 이야깃거리가 하나 생기게 된다.

중학교 때 일이다. 매년 2학년 대상으로 합창대회가 열렸다. 우리 담임은 음악 선생을 모셔와 방과 후 특별 연습을 시켰다. 매일 남아서 혹독한 훈련을 했다. 우리는 알토와 소프라노로 나뉘어 연습했다. 넓은 홀에서 경연이 열렸다. 10반의 합창이 진행됐다. 우리는 초긴장 상태에서 노래를 불렀다. 모두 틀리지 않기 위해 안간힘을 썼다. 중딩, 그 까까머리 아이들 사이에서 믿기 힘들 만큼 아름답고 고운 선율이 빚어졌다.

선생님(아마도 목사님으로 기억한다.)께서 수상자를 발표했다. 3등, 2등이 결정됐다. 마지막 남은 것은 요즘 같으면 대상이었다. 선생님이 말했다.

"1등은 어느 반일까요?"

그 말이 끝나자마자 우리 반은 일제히 소리를 질렀다.

"2반이요!"

그랬다. 그게 어떻게 가능한 일이었을까. 우리 반 모두의 입에서 똑같은 말이 나왔다. 그것은 친구들이 심혈을 기울였다는 사실을 뜻했다. 선생님은 웃으며 "맞습니다. 2반입니다!"라고 외쳤다. 그 말이 떨어지자마자 우리는 자리에서 벌떡 일어나 우레와 같은 함성을 질렀다.

4 지금 이 순간을 기록하라

글쓰기의 가장 기본적인 방법은 메모다. 메모는 글쓰기의 한 방법으로 필요하지만 현재의 기록이라는 점에서 두말할 필요 없이 중요하다. 우리는 살면서 수많은 일을 겪지만 기록했을 때라야 비로소 내 글감이 된다.

이 '삼다'와 더불어 나는 다록(多錄)을 추가하고 싶다. 직접 보고 듣고 느끼고 생각한 것을 잘 기록해놓는 일 말이다. 나는 또렷한 기억보다 희미한 연필 자국이 낫다고 확신하는 사람이다. 그래서 일기장과 늘 가지고 다니는 수첩에 그때그때 생각나는 것을 꼼꼼히 적어 놓는다.

기록이란 감성의 카메라와 같다고 생각한다. 기억은 지나고 나면 사건의 골자, 즉 뼈대만 남기지만 기록은 감정까지 고스란히 남긴다. 통통한 살도 붙어 있고 향기와 온기도 남아 있는 것이다.

한비야가 털어놓은 글쓰기 고민과 방법이다. 〈그건, 사랑이었네〉에 나오는 이 내용은 글쓰기를 잘하려면 메모하는 습관이 필수임을 보여준다.

그렇다면 메모를 어떻게 해야 하는가. 일단 단숨에 써야 한다. 그러려면 단문이 좋다. '~했다, 받았다, 주었다, 먹었다'처럼 간단한 문장으로 글을 써 나가는 기법이다. 10자~20자 정도의 글이 좋다. 글의 분량이 어느 정도 되어야 장문이며 단문이냐고 묻는다면, 답은 없다고 해야 할듯하다. 다만 장, 단문은 이렇게 하면 알기 쉽다.

쓴 글을 읽을 때 보지 않고 읽을 수 있으면 단문이다. 그러나 2번 이상 봐야 글을 읽을 수 있다면 그것은 장문이다.

글쓰기는 강약이 있어야 한다. 빨리 써야 할 때가 있고 느리게 써야 할 때가 있다. 때론 안단테가 될 수 있고, 때론 포르테가 될 수 있다. 하지만 가능한 글의 속도를 높여야 한다. 글이 빨라야

하는 이유는 그래야 삶에 여유가 생기기 때문이다. 그렇게 하려면 단문 쓰기를 하는 수밖에 없다. 글이 길어지면 속도가 느려지기 때문이다. 이 마구 쓰기를 매일 10분씩 100일을 하라. 그런 뒤 달라지는 모습을 보라. 처음에는 말 그대로 마구 쓰지만, 차츰 팔에 글의 근육이 붙으면 저절로 주제를 정하고 쓰게 된다. 일단 머릿속에 떠오르는 단어와 문장을 눈앞에 꺼내 놓자. 그런 다음 구조를 짜고, 퇴고를 하며 글을 완성하자.

●●● 가족 이름 쓰고 대화하기

글쓰기는 힐링이다. 다른 무엇보다 효과가 탁월한 테라피다. 어릴 적 함께 지냈던 부모와 형제들이 시금은 명절에나 만나는 사이가 되지 않았는가? 가끔 그들에게 편지를 써보자. 쉽게 되지 않거든 이름 하나를 노트에 쓰며 마음을 전해 보라. 시간은 기다려 주지 않는다. 그런 속에서 고목에 꽃이 피듯 새롭게 관계가 형성될 것이다.

아버지 이번 주에 전화를 못 드렸어요. 언제나 걱정입니다. 혼자 식사는 잘하고 계신지요. 이 더위에 운동하시느라 고생 많으시겠어요. 이번

주말에 아버지 생신이세요. 함께 물가에 가기로 했죠. 아마 다들 모이 겠죠. 어머니가 돌아가신 지 벌써 20년입니다. 어머니가 함께 계셨으면 얼마나 좋을까요. 아버지는 그 후로 남들 잔칫집에 잘 가지 않으셨습니다. 어머니 생각에 마음이 너무 좋지 않다고 하셨죠.

•••나의 치명적인 약점 서술하기

장점이 내 피붙이이듯, 약점 또한 내 자식과 다름없다. 장점만 자랑하지 말고 한쪽에 처박아둔 단점도 가끔 이름을 불러주자. 단점을 사랑하면 장점이 될 수 있다. 아니, 이미 극복해버려 더 이상 단점이 아닐 수도 있다. 옛날 단점을 떠올려 보며 그것이 삶에 어떤 영향을 미쳤는지 생각해 보자. 지금이라도 늦지 않았다. 단점을 사랑하는 일. 나이 들수록 잘 다스려야 하는 것은 후자다.

고소공포증. 내 인생은 이 높은 벽을 넘는 과정이었다. 난관을 극복하기 위해 나름대로 노력했다. 그러나 결국 열쇠는 시간이었다. 현실에서는 사라졌으나 여전히 꿈속에서는 진행형이다. 가끔 빌딩 옥상에서 아래를 내려다보는 꿈을 꾼다. 그럴 때면 휘청, 현기증을 느낀다. 좀 심한 날에는 공포가 엄습한다. 대체 이 증상은 어디서 온 것일까?

'아주 오래전 인류는 나무에서 생활했다. 당시 인류는 종종 나무에서 떨어졌다. 우리가 추락하는 꿈을 자주 꾸는 이유는 바로 그 때문이다.'

진화심리학을 들이대도 꿈은 꿈이다. 공포는 공포다. 그냥 긍정적으로 생각해야 할까? 꿈속에서도 스릴을 느끼는 인생, 즐거운 내 인생이라고.

5 꿈의 시작, 원고지 1천 매

 어릴 적 다니던 학교에 가본 적 있는가. 당시엔 높게 보였던 학교가 그렇게 작을 수가 없다. 배움의 길처럼 꿈의 길 역시 이와 같다. 한 분야에 미친 듯이 정진하다 보면 그토록 우러러보았던 '롤 모델'들이 작아 보인다. 당신의 키가 점점 커지면 당신이 꿈꾸던 이들의 모습은 거꾸로 점점 작아진다. 그리하여 어느 날 당신은 마침내 그들을 추월하고 마치 '큰 바위 얼굴'처럼 대가의 한 자리를 차지한다.

 마법사의 길이 그렇다. 당신이 동경하는 작가나 저술가는 그저 가만히 있으면 이룰 수 없는 꿈으로 존재한다. 하지만 글쓰기를 배우고, 글쓰기에 매진하고, 그 글이 원고지 1천 장을 넘어서면 훌쩍 성장한다. 이어 1만 매를 넘으면 꿈에 다가가고 3만 매를 넘으면 웬만한 고수를 추월할 것이다. 그 상황은 눈에 보이지 않아 실감하기 어렵다. 마치 눈에 안대를 차고 달리는 느낌까지 들 것이다. 그러나 믿어야 한다. 왜냐하면 모두 그렇게 글쓰기 고수가 되었기 때문이다.

필력은 일단 글을 써본 경험에서 나온다. 출판평론가 표정훈은 글 잘 쓰는 법으로 "소설이든 아니든 1천 매짜리 원고를 책 쓰는 심정으로 먼저 써보라."고 권한다.

책을 써본 이는 원고지 1천 매가 의미하는 바를 안다. 보통 단행본 한 권은 원고지 800매에서 1,000매 사이다. 대략 250~300페이지 분량이다. 글쓰기의 지름길은 모름지기 다작이다. 표정훈의 말은 일단 많이 써보는 일이 중요하다는 뜻으로 풀이된다. 원고지 1,000매를 채우는 일은 높은 산을 하나 오르는 것과 같다. 계획이 서야 한다. 굳은 의지가 있어야 한다. 장시간 투자해야 한다. '목표, 의지, 투자'는 험준한 고봉등산을 위한 3가지 요소일 뿐 아니라 글 잘 쓰는 3가지 조건이기도 하다.

글쟁이에 도전하기로 결심했다면 매일, 1년간 손을 자판에서 떼지 않을 각오를 해야 한다. 마치 그 모습은 영화 〈스파이더맨〉의 주인공과 같다. 낮에는 직장에서 일을 하고 저녁이면 옷을 갈아입고 변신하는 것이다. 회사 일을 잠시 잊은 채, 반복되는 일상을 잠시 단절한 채, 책과 글의 숲 속으로 순간이동 해야 한다.

그 길이 어디 쉽겠는가. 모든 모험에는 마녀가 있다. 글쓰기 여정에도 예외가 아니다. 늘 게으름의 덫과 졸음의 그물, 그리고 바쁜 일상의 늪에 빠질 수 있다. 종종 등, 어깨에 통증이 오고 정신적 스트레스에 시달린다. 누구도 함께하지 않는 고독은 회의를 부르고, 아무도 봐주지 않는 고립은 절망을 부른다.

그러나 기억하라. 꿈이 있는 당신은 '빵 굽는 타자기'에 앉아 타자를 치던 폴 오스터와 다르지 않다. 깊은 밤 책상 앞에 앉아 글을 쓰는 순간, 당신의 영혼은 어느새 마법의 망토를 입고 하늘로 비상한다.

●●●나를 소개하는 글 써보기

글쓰기를 처음 시작하려는 이들은 내 소개 글부터 써보자. 이때는 별명을 활용하는 방법이 효과적이다. '글쓰기훈련소' 카페의 매니저인 내 닉네임은 '황금지우개'다. 여기에는 다음과 같은 뜻이 담겨 있다.

황금지우개. 내 닉네임이다. 황금지우개는 세상에서 가장 빛나는 목록 즉 '황금 리스트'를 지운다는 뜻이다. 그렇다면 황금 목록은 무엇일까. 죽기 전에 꼭 읽어야 할 책이다. 결국 가장 소중한 책 목록을 만든 다음, 그것을 하나씩 지워나간다는 의미를 담고 있다. 보석 같은 필독서 목록, 그것을 한 권씩 읽으면서 지우는 남자. 나는 황금지우개다.

과제 자신의 닉네임을 소개하는 글을 다음과 같은 형태로 쓰시오.

사례1) 내 닉네임은 '머위 풀'이다. 시골에 가면 집 주위나 담장 부근에서 가장 많이 보이는 먹는 나물이다. 잎은 쌈이나 나물로 먹고, 줄기는 삶아 껍질을 벗겨 볶아 먹기도 하고, 새우를 넣고 끓여 탕으로도 먹는다. 흔하면서 우리에게 좋은 먹을거리다. 잎과 줄기를 길러 먹이도 계속 자란다. 추위에도 강하다. 병충해도 없다. 비료를 안 주어도 잘 자란다. 흔하면서 강하고 어디서나 가리지 않고 잘 자라는 머위! 나도 머위 같은 풀이 되어 사람들에게 유익을 주며 살고 싶다.

사례2) 서책(書冊). 내 온라인 닉네임이다. 한자로는 글, 또는 글씨 書, 책, 또는 책을 세는 冊. 굴비를 엮듯이 글로 지어진 세상의 모든 책을 한 책, 두 책 엮어보고 싶다. 직접 책을 써보고 싶은 것도 닉네임에 들어있는 욕심이다. 낚싯바늘에 물고기가 물려서 줄줄이 딸려 오듯이 많은 책이 줄줄이 엮이는 세상을 꿈꾼다.

●●● 벌레의 눈으로 세상 바라보기

다른 생물의 눈으로 세상을 바라볼 필요가 있다. 오랜 옛날, 지구의 주인은 인간이 아닌 벌레였다. 그런 면에서 다른 내가 되는 일은 새로운 눈을 갖게 하고 깨달음을 얻게 한다.

어느 날 아침 그레고르 잠자는 불안한 꿈에서 깨어난 후 침대 속에서 한 마리의 흉측한 갑충으로 변해있는 자신의 모습을 발견했다. 철갑처럼 단단한 등껍질을 대고 누워 있었다. 머리를 약간 쳐들어 보니 불룩하게 솟은 갈색의 배가 보였고, 그 배는 다시 활 모양으로 휜 각질의 칸들로 나뉘어 있었다. 이불은 금방이라도 주르르 미끄러져 내리듯, 둥그런 언덕 같은 배 위에 가까스로 덮여 있었다. 몸뚱이에 비해 형편없이 가느다란 수많은 다리들은 애처롭게 바둥거리며 그의 눈앞에서 어른거렸다.
'이게 대체 어찌된 일일까?'

―프란츠 카프카, 〈변신〉

글쓰기 멘토들의 조언

❋ 재능에 대해 회의할 필요 없다

시를 쓰고자 하는 사람이 자신의 문학적 재능에 대해 회의하거나 한탄할 필요는 전혀 없다. 그것은 자신의 게으름을 인정하는 행위와 같다. 시인으로서 타고난 재능에 기대어 시를 기다리지 말라. 재능이 없다고 펜을 내려놓고 한숨을 쉬지도 마라. 그렇게 하면 시는 절대로 운명의 조타수가 되어주지 않는다. 시인이 시의 길을 여는 조타수가 되려면 선천적인 재능보다 자신의 열정을 믿어야 한다.

―안도현

❋ 연애편지 많이 쓰세요

"남자친구에게 잘 보이고 싶어서 글을 열심히 썼습니다. 많이 쓰세요. 연애편지도 큰 도움이 됩니다."

―김애란

❋ 남들이 재미있어 하니 계속 쓰게 돼

"사실 글쓰기를 좋아하긴 했지만, 저도 여느 초등학생과 마찬가지로 일기 쓰는 건 끔찍이도 싫어했어요. 의무적으로 쓰는 게 싫었고, 검사받는 게 싫었어요. 물론 일기를 통해 매일 글쓰기를 한다는 건 좋은 습관이죠. 하지만 글쓰기에 재미를 붙였던 건 제 글을 읽는 사람들이 재미있어 하기 때문이었던 것 같아요. 재미있어 하니까 또 쓰고 싶고, 더 재미있게 쓰고 싶어했죠."

―전아리

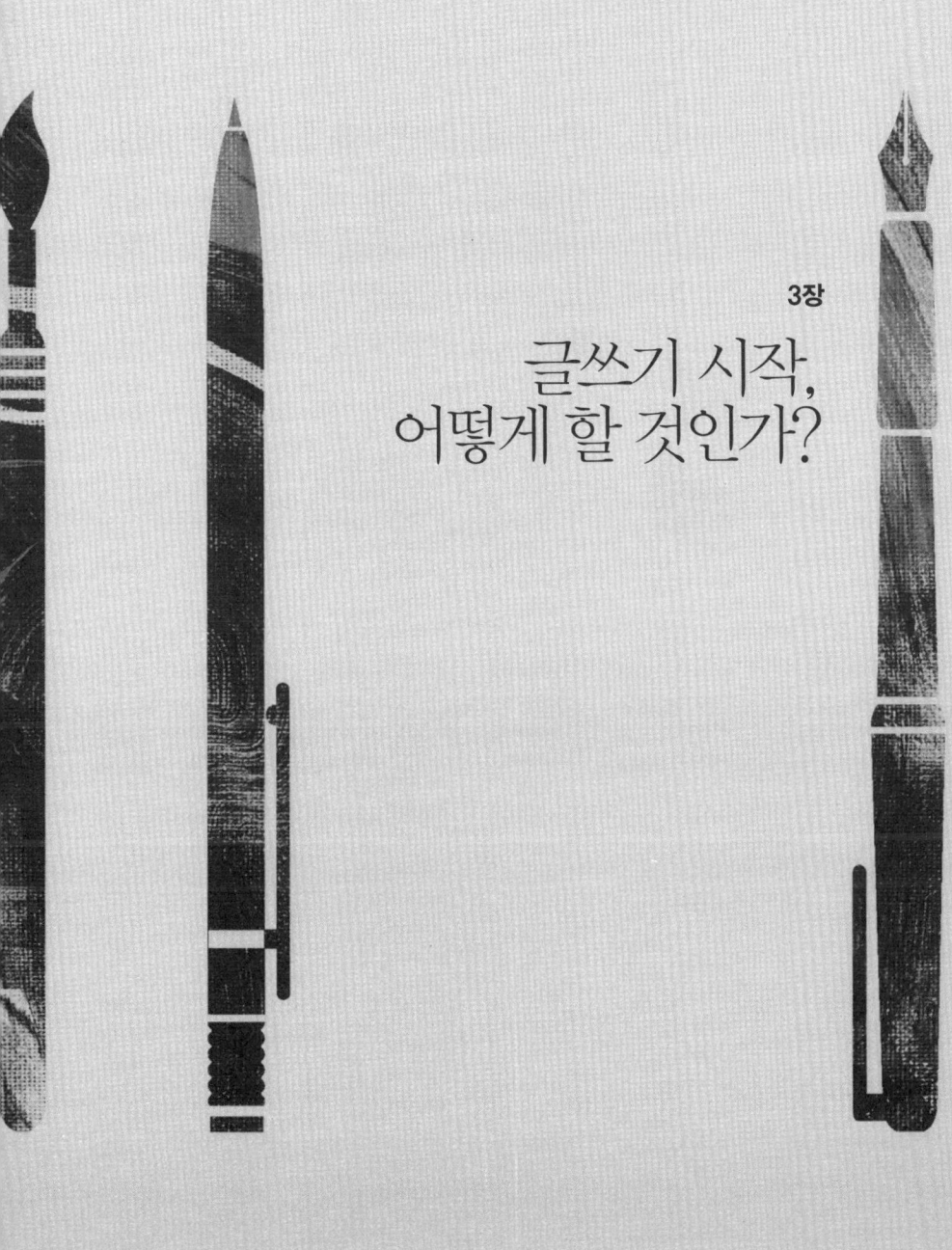

3장
글쓰기 시작,
어떻게 할 것인가?

1 글쓰기의 시작은 관찰이다

　화가이자 과학자인 레오나르도 다빈치, 화가 피카소, 소설가 버지니아 울프, 그리고 노벨상을 받은 과학자 파인만. 이 천재들의 공통점은 창조적 사고의 대가라는 것이다. 〈생각의 탄생〉에 따르면 이들 과학자나 수학자, 예술가들은 창조적 작업을 할 때 '생각의 도구'를 사용한다. 이는 생각하는 기술이나 방법이다. 그중 하나인 관찰은 '모든 지식은 관찰로부터 시작한다.'고 할 정도로 중요한 행위다. 여기서 관찰은 수동적으로 보는 일이 아니라 적극적으로 살피는 일이다.

　글을 잘 쓰기 위해서는 사물이나 풍경을 자세히 볼 수 있어야 한다. 일기를 잘 쓰기 위해서는 하루를 잘 돌아봐야 하고, 독후감을 잘 쓰기 위해서는 책을 잘 읽어야 하는 것과 같다.

시인 에드워드 E. 커밍스는 "나는 태양 아래 있는 모든 것을 관찰하는 사람이다."라고 말했다. 소설가 서머싯 몸은 "사람을 끊임없이 탐구하는 것은 작가의 필수적인 자세다."라고 설파한 바 있다. 글을 잘 쓰는 이는 알고 보면 잘 관찰하고 꼼꼼히 글로 옮기는 이다. 소설가 김연수는 다음과 같이 말한다.

"30초 안에 소설을 잘 쓰는 법을 가르쳐 드리죠. 봄에 대해서 쓰고 싶다면, 이번 봄에 무엇을 느꼈는지 말하지 말고, 무슨 일을 했는지 말하세요. 사랑에 대해서 쓰지 말고, 사랑했을 때 연인과 함께 걸었던 길, 먹었던 음식, 봤던 영화에 대해서 쓰세요. 감정은 절대로 직접 전달되지 않는다는 걸 기억하세요. 전달되는 건 오직 우리가 형식적이라고 부를 만한 것들뿐이에요. 이 사실이 이해된다면 앞으로는 봄이면 시간을 내서 어떤 특정한 꽃을 보러 다니시고, 애인과 함께 어떤 음식을 먹었는지, 그 맛은 어땠는지, 그 날의 날씨는 어땠는지 그런 것들을 기억하려고 애쓰세요."

자, 지금부터 창밖을 보고 보이는 풍경, 보이는 사람과 사물을 꼼꼼히 기록하자. '보이는 것은 모두 글로 옮겨버린다.' 그런 자세가 중요하다. 그런데 풍경이나 인물보다 책 표지나 그림을 글로 옮기는 쪽이 낫다. 왜냐하면 누군가에게 걸러짐으로써 글로 옮기기가 비교적 쉽기 때문이다. 아래 그림을 보면서 묘사하기를 배워보자. 요령은 다음과 같다.

  1. 단문으로 : 가장 단순한 문장으로 쓸 것.
  2. 이해하기 쉽게 : 읽는 이가 글만 보고도 그림을 상상할 수 있도록 쓸 것.
  3. 세심한 관찰 : 상세한 부분을 빠트리지 않고 나타낼 것.

  그림 속에 두 남녀가 있다. 남자는 서 있다. 옆모습이다. 얼굴은 수염이 덥수룩하다. 표정이 없다. 위아래 줄무늬 하늘색 옷을 입고 있다. 손

마티스-〈대화〉

은 윗옷 호주머니에 넣었다. 잠옷 같다. 여자는 의자에 앉아 있다. 검고 긴 머리다. 옷도 검은색 원피스다. 윗옷 가슴께에 'V'자 형의 파란 무늬가 있다. 팔을 의자 팔걸이에 얹고 있다. 고개를 쳐들고 있다.

　벽은 온통 짙은 파란색이다. 여자가 앉은 의자의 색 역시 파란빛이어서 벽 속에 잠긴 듯하다. 그로 인해 여자의 검은 옷이 더욱 도드라지게 보인다. 두 남녀 사이에 창이 있다. 창밖은 녹음이 짙다. 나뭇잎과 정원 잔디색이 초록색이다. 여기에 붉은색 나무와 군데군데 핀 붉은 꽃이 밝은 느낌을 준다. 창밖엔 쇠로 된 난간이 설치되어 있다. 그 난간을 구성하는 쇠의 문양이 흡사 글자처럼 보인다. 알고 보니 '안돼(NON)'라는 뜻이다.

2 자세히 보면 비밀이 보인다

글쓰기는 스케치와 같다. 스케치를 잘하기 위해서는 당연히 잘 관찰해야 한다. 그냥 멍 때리듯 아무 생각 없이 바라보는 풍경과 특정 행위를 위해 주목하는 풍경은 다르다.

작가 베르나르 베르베르 역시 관찰을 창작의 가장 중요한 요소 중 하나로 꼽는다. 그는 "관찰을 거듭하면서 소설에 대한 영감을 얻을 수 있었다."고 말한 바 있는데, 그의 대표작인 〈개미〉는 무려 12년에 걸친 관찰의 결과다. 그는 집안에 개미 수천 마리를 기르며 그들의 습성을 세세하게 기록했다. 관찰에 대해서도 '아는 만큼 보인다.'는 말이 유효하다. 알랭 드 보통은 〈여행의 기술〉을 통해 관찰의 중요성을 다음처럼 짚었다. 좀 길지만 그대로 옮겨본다.

두 사람이 산책을 나간다. 한 사람은 스케치를 잘하는 사람이고, 또 한 사람은 그런 데는 취미가 없는 사람이다. 두 사람이 지각하는 경치에는 큰 차이가 있다. 한 사람은 길과 나무를 본다. 그는 나무가 녹색임을 지각하지만, 그것에 대해 아무 생각도 하지 않는다. 그는 태양이 빛나는 것을 보고, 기분이 좋다고 느낀다. 하지만 그것이 전부다!

반면 스케치를 하는 사람은 무엇을 볼까? 그의 눈은 아름다움의 원인을 찾고, 예쁜 것의 가장 세밀한 부분까지 꿰뚫어 보는 데 익숙하다.

그는 고개를 들어 햇빛이 소나기처럼 잘게 나뉘어 머리 위에서 은은한 빛을 발하는 잎들 사이로 흩어지고, 마침내 공기가 에메랄드빛으로 가득 차는 모습을 관찰한다. 그는 여기저기에서 가지들이 잎들의 베일을 헤치고 나온 모습을 볼 것이다. 보석처럼 빛나는 에메랄드색 이끼와 하얀색과 파란색, 자주색과 빨간색으로 얼룩덜룩한 환상적인 지의류가 부드럽게 하나로 섞여 아름다운 옷 한 벌을 이루는 모습을 볼 것이다. 이어 동굴처럼 속이 빈 줄기와 뱀처럼 똬리를 틀고 가파른 둑을 움켜쥐고 있는 뒤틀린 뿌리들이 나타난다. 잔디가 덮인 비탈에는 수많은 색깔의 꽃들이 상감 세공처럼 새겨져 있다.

볼 만한 가치가 있지 않는가? 그럼에도 스케치를 하는 사람이 아니라면 집에 돌아왔을 때 할 말도 없고 생각할 것도 없다. 그저 이러저러한 길을 따라 걸어갔다 왔을 뿐이다.

　언론 현장에서는 똑같은 사안을 두고 특종을 터뜨리는 민완 기자가 있는가 하면, 대수롭지 않게 넘겨 낙종을 하는 '미완' 기자가 있다. 사안에 대한 관찰이나 접근 방식, 인식의 차이에서 비롯된다. '아는 만큼 보인다.'는 말보다 더 근원적인 통찰은 '보는 만큼 보인다.'는 것이다. 관찰을 잘하면 숨어있는 것들이 보이기 시작한다. 다음 사진을 보자. 그냥 지나칠 책 표지다. 그러나 자세히 보면 책 표지가 많은 이야기를 하고 있음을 알 수 있다.

　의자가 하나 있다. 고풍스럽다. 창고에서 막 먼지를 털어낸 듯하다. 엉덩이를 대고 앉는 부분이 구멍 뚫려 있다. 쇠창살마냥 격자무늬다. 통풍을 의도한 것일까. 만약 그렇다면 기발한 아이디어 의자가 아닐 수 없다. 특이한 점은 의자의 네 다리가 파란색이란 점. 그런데 자세히 보면 그 모양이 놀랍게도 동물의 다리 형상이다! 왠지 사자일 것 같은 느낌이 든다.

이 책의 제목은 〈사치와 문명〉이다. 그렇다면 저 의자는 사치의 상징이란 말인가. 아니면 한 시대의 문명을 보여주는 의자란 말인가. 대체 그 문명은 어디 것인가. 무슨 용도로, 누가 저 의자를 만들었을까. 꼬리를 무는 의문이 책에 대한 호기심을 증폭시킨다.

다음의 표지도 마찬가지다. 처음에는 뭔가 싶다. 그러나 자세히 보면 여자의 얼굴이 보인다. 이 그림을 글로 옮겨보자.

왼쪽 하단에 여자 얼굴이 보인다. 눈을 감고 있다. 눈과 눈썹 그리고 미간이 보인다. 코 아래는 없다. 머리를 풀어헤친 채 누워 있는 듯하다. 그런데 머리, 정확하게는 머리카락이 이상하다. 수초처럼 풀이 돋아나 있다. 연밥인듯한 식물 봉우리와 노랑, 주황, 녹색의 말풍선도 있다. 머리를 뿌리로 해서 뻗어 있는 형상이다.

책 제목은 〈한없이 멋진 꿈에〉다. 제목을 보니 아마도 그림 속 여자는 꿈을 꾸는 듯하다. 하지만 멋진 꿈 같지는 않고 기묘한 느낌이 든다.

3
그림을 활자로 변환하라

 글쓰기는 요리다. 글감은 삶이란 바다에서 잡아올린 생선과 같다. 일상에서 우리 눈에 보이는 것 모두가 글감이다. 지금 읽고 있는 이 글이나 창밖의 풍경, 주변의 사람 따위가 글감이다. 눈과 귀, 코와 입 나아가 촉감까지, 내 안으로 들어온 정보 모두가 글쓰기의 재료다.

 글감에는 두 종류가 있다. 하나는 활자로 된 재료다. 이를테면 신문의 뉴스나 칼럼 혹은 드라마의 명대사, 책 속의 명문장이다. 당장 냄비에 넣을 수 있도록 작가나 기자가 이미 곱게 손질해 놓은 글감이다.

반면에 풍경과 사진 혹은 동영상도 글감이 될 수 있다. 하지만 이것들은 이미지와 영상언어이므로 활자로 변환시켜야 한다. 예를 들어 〈은교〉라는 책을 읽고 서평을 쓴다고 하자. 작품을 압축하고 있는 책 표지를 글로 옮겨 놓으면 인상적인 서평이 될 것이다.

한 젊은 여자가 서 있다. 뒷모습. 한 쪽 손으로 장막을 걷고 있다. 유채꽃 같은 연둣빛 풍경. 다른 손으로는 살이 비치는 흰색 원피스 한 쪽을 살짝 들고 있다. 한 남자가 꽃 풍경을 뒤로 한 채 그녀(어쩌면 종아리)를 보고 있다. 여자의 엉덩이가 토실토실하다. 왼쪽 편엔 말 한 마리가 유유자적 풀을 뜯고 있다.

아래 그림은 백남준의 작품 'TV부처'다. 역시 이에 대해 글을 쓰려면 먼저 이 그림을 다음처럼 글자로 표현해야 한다.

조각상 하나가 있다. 부처가 가부좌를 틀고 앉아 있는 모습이다. 그 조각상 앞에 TV가 있다. 화면에 부처 얼굴이 보인다. 그 위에 비디오 카메라가 있다. 이 카메라는 부처를 찍고 있다. 즉, TV 화면 속 부처는 앞에 있는 조각상이다. 결국 부처가 부처를 보고 있는 셈이다.

이미지를 활자로 변환하기 위해서는 앞에서 배운 '마구 쓰기'를 활용하면 좋다. 처음에는 가장 간단한 문장으로, 예컨대 주어+동사 혹은 주어+목적어+동사 형태로 글을 쓴다. 그런 다음 문장을 잇고, 자르고, 수식어를 더해서 문장을 만들면 된다. 처음부터 완벽한 형태의 글을 쓰려 하지 마라. 글을 쓰는 게 아니라 정보를 나열한다고 여겨라. 그런 다음 '퇴고'를 통해 글을 완성하면 된다.

4
느낌보다 사실을 먼저 표현하라

　여기 사진이 한 장 있다. 온라인에서 화제를 모은 아기 고슴도치 모습이다. 이 사진을 두고 글을 쓰라고 하면 모두 "귀엽다." 혹은 "앙증맞다."라는 문장을 떠올릴 것이다.

　오른쪽의 사진을 보고 글쓰기를 하려면 글감을 '도마' 위로 가져다 놓아야 한다. 여기서 '도마'란 글 쓸 곳, 즉 빈 노트나 문서다. '가져다 놓는다'는 뜻은 이미지 정보를 활자로 변환한다는 의미다.

손바닥 위에 아주 작은 동물이 있다. 한 손에 쏙 들어갈 정도로 작다. 얼굴은 '판다 곰' 같다. 눈이 크고 검다. 코 역시 검고 동그랗다. 입을 산 모양으로 다물고 있다. 양 옆의 귀는 팔랑 귀처럼 크다. 수염이 송송 나 있다. 앞발은 앞으로 내밀고 있다. 뒷발 바닥은 정면을 향해 보이고 있다. 머리와 몸의 테두리는 짧은 바늘을 무수히 심어 놓은 듯하다. 마치 푹신한 하얀 요 위에 누워 있는 갓난아기 같다. 귀엽다. 앙증맞다.

글쓰기훈련소 카페는 글을 쓸 때 가능한 사실에 입각해 쓰도록 한다. 이는 바로 잘 관찰하는 일이다. 이제부터 그림을 관찰하고 그 내용을 글로 표현해 보자. 다음 사진을 보자.

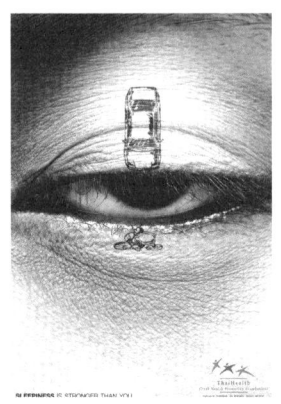

　눈을 게슴츠레 뜨고 있다. 반쯤 감겨 있다. 눈가에 무수히 잔주름이 졌다. 주름은 눈을 중심으로 타원을 그리고 있다. 마치 호수에 잔물결이 일듯. 언뜻 보면 미세한 나뭇가지가 뻗어나가는 듯하다. 눈동자는 내려온 눈꺼풀로 인해 절반 정도 보인다. 눈에는 아래로 쳐진 눈썹이 갈대처럼 돋아나 있다. 눈꺼풀에는 자동차 그림이 그려져 있다. 피부에 낙서를 한 모양이다. 눈동자 한가운데 위다. 엄지손가락 한마디 정도 되어 보인다. 3센티미터나 될까. 눈 밑에 자동차와 일직선으로 또 다른 낙서가 있다. 자세히 보니 아이가 자전거를 탄 형상이다. 멀리서 보면 자동차가 눈동자를 향해, 또 그 아래 자전거를 향해 돌진하는 모양새다.
　직사각형의 그림이다. 광고 포스터로 보인다. 눈 한 쪽을 클로즈업했다. 그림 맨 아래에 영어로 글씨가 쓰여 있다.

이 사진은 태국의 건강증진재단 졸음 방지 광고 포스터다. 사실과 소감을 분리하는 행위는 예술적 행위에서 매우 중요하다. 비단 회화에만 적용되지는 않는다. 예술가들의 창조적 기술을 알려주는 에릭 부스의 〈일상, 그 매혹적인 예술〉은 다음과 같이 역설한다.

우리는 실제로 본 것에 생각과 판단, 의문, 해석을 덧붙인다. 이런 습관은 본질적으로 잘못된 것은 아니지만, 이런 뒤섞기는 실제로 존재하는 것을 찾아내는 데 방해하는 역할을 할 뿐이다. 특히 관찰의 기술이 부족한 사람들이 이런 뒤섞기를 아무런 원칙 없이 해댄다. (중략) "겨울인 것 같아."와 같은 당연한 추측도 하지 말라. 그냥 하얀색에 회색과 갈색 얼룩이 보인다고 말하라. 상상이나 해석에 가까운 단어도 사용하지 말라. 가령 "감동적이다." "멋지다."라는 표현이 튀어나오면 허벅지를 힘껏 내려쳐라. 이렇게 '관찰'에만 집중한 후에 금지 조항을 풀고 어떤 해석이 머릿속에 떠오르는지 확인해 보라.

맞는 말이지 않은가. 우리는 글을 쓸 때 섣불리 판단하고 막 떠오르는 생각을 쏟아낸다. 그러나 예술가들은 다르다. 책에 따르면 그들은 '관찰'만 한다. 즉 일정한 시간 동안 눈앞에 존재하는 것을 관찰한다. 그것이 바로 평범한 일상을 특별한 걸작으로 만드는 예술가의 작업 비밀이다.

위의 이미지를 보자. 사진을 보면 희한하다는 느낌을 받는다. 여성의 얼굴에 사자의 형상이 겹쳐 재미있는 모습이 되었다. 이 사진을 보고 글을 쓰기 위해 먼저 사실을 전한 다음 소감을 쓰니 다음과 같다.

글감 : 한 여자가 운전을 하고 있는 중이다. 금발이다. 창문이 반쯤 열렸다. 여성은 그 창문을 통해 밖을 바라보고 있다. 깜짝 놀란 표정이다. 눈이 동그랗다. 대체 무엇을 보았을까? 유리창은 선탠을 했다. 여성의 코 부분부터 가려져 있다. 즉, 얼굴 절반만 노출하고 있다. 그런데 반쯤 올라간 유리창에 창밖에 있는 그 무언가가 반사되어 있다. 사자다. 사자의 코와 입 부분이 반사되어 창에 비친다. 눈은 사람, 코부터 입은 사자 형상이다. 알고 보니 이것은 광고 사진이다.

소감 : 대체 무슨 광고 사진일까? 자세히 보니 사진 하단에 영어 글자가 보인다. 'ZOO SAFARI'다. 아마 동물원인 듯싶다. 실제 이것은 브라질 사파리 동물원 광고였다. 여성의 얼굴 윗부분과 사자의 얼굴 아랫부분이 절묘하게 합성되어 있다. 흥미로운 광고다.

5 고흐처럼 생생하게 써라

 화가 들라크루아는 일찍이 "5층에서 떨어지는 사람이 바닥에 완전히 닿기 전까지 그를 그려내지 못하면 걸작을 남길 수 없다."라고 말했다. 5층에서 떨어지기 전에 그 사람의 특징을 파악할 수 있어야 한다는 뜻이다. 이처럼 화가들의 관찰력은 놀라울 정도다. 화가가 그림을 잘 그리는 이유는 보통 사람보다 세밀하게 보기 때문이다. 글을 얼마나 생생하게 써야 하는지는 고흐가 알려준다.

 난 태양을 그릴 땐, 사람들에게 태양이 무시무시한 속도로 회전하는 것을 느끼게 해 주고 싶어. 밀밭을 그릴 땐 밀알 안에 든 원소 하나하나가 영글어 터지는 순간을, 사과를 그릴 땐, 사과즙이 표피를 밀고 나오려는 것을 보여주고 싶다고. 사과 씨들이 결실을 맺기 위해 바깥으로 나오려 몸부림치는 것을 느끼게 만들고 싶어.

-쥐디트 페라뇽, 〈나의 형 빈센트 반 고흐〉

  글에 보면 '것' 자가 눈에 띈다. 그로 인해 답답한 느낌이 든다. 이 '것' 자를 없애면서 표현을 달리하면 훨씬 생생한 글이 된다. 이 글을 다음처럼 바꿔서 베껴 쓰면 느낌이 다를 것이다. 고흐가 그림 그리듯 글을 쓰자는 것이다.

  태양을 보고 글을 쓸 땐 무시무시한 속도로 회전하는 그 놀라움을 느끼게 해 주고 싶어. 밀밭 풍경이라면 밀알 안에 든 원소 하나하나가 영글어 터지는 순간을, 사과를 묘사할 땐 사과즙이 표피를 밀고 나오려는 안간힘을 보여주고 싶다고. 다시 말해 사과 씨들이 열매를 맺기 위해 바깥으로 나오려 몸부림치는 그 생생함을 느끼게 만들고 싶단 말이야.

  고흐처럼 글을 쓸 수 있다면 얼마나 놀랍겠는가. 그 단계에 이르기 위해 우리는 자세히 보고 글로 나타낼 수 있어야 한다. 이에 걸맞은 글감은 뭉크의 〈비명〉이다.

그림 속에 한 사람이 있다. 해골 가면을 쓴 듯하다. 눈은 동그랗게 뜨고 입을 크게 벌리고 있다. 너무 놀라 비명을 지르는 모양이다. 아주 공포스러운 표정이다. 죄수복을 연상시키는 검은색 옷을 입고 있다. 멀리서 사람 두 명이 걸어오고 있다. 그들도 검푸른 색 옷을 입고 있다. 남자가 서 있는 다리 아래로는 강물이 흐르고 있다. 물빛은 청색과 검은색, 들판은 노란색, 하늘은 붉은색이 주조를 이루며 일렁이고 있다. 전체적으로 긴장감이 돌고 불안한 느낌이다.

이렇게 사실을 묘사한 뒤 유명한 E.H. 곰브리치의 〈서양미술사〉 속 해설을 베껴 써보자.

이 작품은 갑작스런 정신적 동요가 우리의 모든 감각적 인상을 어떻게 변화시키는가를 표현하는 데 역점을 두었다. 모든 선들이 이 판화의 유일한 초점인 소리 지르는 얼굴을 향해 흐르고 있는 것처럼 보인다. 마치 장면 전체가 그 비명 소리의 고통과 흥분에 가담하고 있는 것 같다.
소리를 지르고 있는 사람의 얼굴은 마치 만화처럼 왜곡되어 있다. 둥그렇게 뜬 눈, 홀쭉한 뺨은 죽은 사람의 얼굴을 연상시킨다. 무언가 끔찍한 일이 벌어졌음에 틀림없다. 그 비명 소리가 무엇을 뜻하는지 알 수 없기 때문에 판화는 더욱 불안한 느낌을 자아낸다.

다음 그림은 조선시대 대나무 그림의 최고 명인이었던 이정의 〈풍죽〉이다. 마치 돌풍에 우산이 꺾이듯, 댓잎이 휘청거리는 모습을 담은 작품이다. 이런 그림을 보고 글을 쓰기란 쉽지 않다. 묘사하고 말 부분도 없어 보인다. 그러나 글쟁이는 사실만으로 많은 이야기를 털어놓는다.

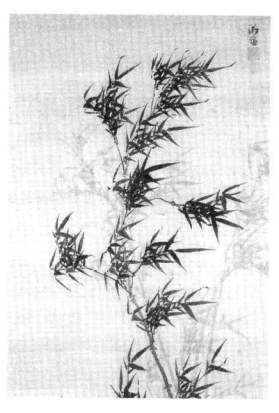

왼편에서 오른편으로 사정없이 바람이 분다. 낭창대는 어린 대와 바람이 벌이는 한판 줄다리기는 팽팽한 긴장감이 감돈다. 줄기는 활처럼 휘고 세찬 바람에 댓잎은 파르르 떤다. 힘에 부쳐 뒤집힌 이파리는 찢겨 나갈 듯 위태롭다. 거뜬히 버텨내는 모습은 꼿꼿한 선비의 자태다. 잠시 바람이 멈추면 언제 그랬냐는 듯 태연하다.

―변상섭, 대전일보

6 매혹의 묘사 6선

••• 두근두근, 긴박한 도둑 키스

그녀는 두고 온 스카프 생각이 나 잠시 방에 돌아온다. 출입문에서 멀지 않은 곳에 놓인 원형 탁자 위, 올리브색 바탕에 하얀 줄무늬가 들어간 길고 보드라운 스카프가 놓여 있다.

스카프 한쪽 끝을 잡고 서둘러 다시 밖으로 나가려는 찰나, 뒤쫓아 온 남자가 그녀의 한 손을 잡아끌며 볼에 입을 맞춘다. 호시탐탐 그녀와 단둘이 있을 수 있는 순간을 노려온 남자에게는 절호의 기회. 게다가 그녀 역시 싫지 않은 반응이다. 아니, 어쩌면 그녀가 일부러 스카프를 놓고 온 것일지도 모를 일.

그녀는 슬쩍 곁눈질로, 옆방에서 웅성거리며 떠들썩하게 카드놀이를 하고 있는 사람들의 동향을 살핀다. 혹시 누군가 눈치 채고 이쪽 방으로 건너오진 않을까? 작은 기척도 내어선 안 되는 긴박한 순간이다. 잔뜩 부풀어 오른 아이보리빛 공단 드레스가 지금이라도 사각사각 서로를 부딪는 소리를 낼 것만 같다. 그녀의 얼굴에는 보일 듯 말 듯 망설임의 흔적이 스친다. 이 순간을 즐길 것인가, 놓칠 것인가, 못 이기는 척 받아들일 것인가. 순간의 열정, 순간의 도발, 순간의 망설임이 마치 정지 버튼을 누른 화면처럼 화가의 손에 포착된다.

―안현신, 〈키스를 부르는 그림〉

장 오노레 프라고나르-〈도둑맞은 키스〉

이 그림은 장 오노레 프라고나르의 〈도둑맞은 키스〉다. 뜻밖에 벌어진 일, 누가 볼까 싶은 당혹감, 그러나 살갗에 닿는 이성의 입술. 얼굴이 화끈거리고 당황스럽다. 마음은 이쪽에 있지만 눈과 몸은 저쪽에 있다.

  이 글은 도둑 키스가 이뤄지는 상황을 잘 묘사했다. '드레스가 사각사각 부딪히는 소리를 낼 것만 같다'는 표현이 가슴 졸이는 여성의 심리를 잘 말해 준다. 문장은 열정과 도발, 망설임이 교차하는 순간을 화폭에 담은 화가의 솜씨를 웅변하기에 손색없다.

●●● 아름드리 배나무 숲에 은성을 쌓고

  고묵은 아름드리 배나무 숲으로 싸인 마을에 배꽃 철이 찾아들면 온 동리는 흰 꽃으로 은성을 쌓는다. 바람이 불면 마치 함박눈이 휘몰아치듯 흰 꽃보라에 눈이 부시다. 아이들은 좋아라 껑충거리고 뜰과 지붕과 길은 온통 꽃잎으로 덮인다.

  할아버지들은 배꽃이 좋아서 백 년을 두고 배나무를 기르고, 그 배나무 밑에서 꽃보라를 맞으며 담배를 피운다. 찬장 위에는 청화백자의 크고 작은 항아리들이 늘어서 있고, 찬탁자에는 층층이 백자 그릇들이 있다. 흰옷 입은 젊은 아낙네들은 아침저녁 흰 손으로 그릇을 행주질한다.

-최순우, 〈무량수전 배흘림기둥에 기대서서〉

지은이가 '청화백자목문련왕사발'을 보며 쓴 단상이다. 나의 살던 고향은 꽃피는 산골. 복숭아꽃 살구꽃 아기 진달래… 어릴 적 동요 '고향의 봄'이 연상된다. '꽃으로 쌓은 은성'은 고향 마을의 봄 풍경을 압축한 문장이다. 흰색을 좋아한 우리 민족의 특성이 잘 나타나 있다.

●●●창문으로 들어온 돌풍의 전주곡

광기 어린 한랭전선이 가을의 대초원으로 성큼성큼 다가들고 있었다. 끔찍한 일이 일어나리라는 예감이 어른거렸다. 하늘에 나지막이 뜬 해는 쇠약한 빛을 뿜으며 차갑게 식어갔다. 무질서하게 이어지는 돌풍과 돌풍. 나무가 들썩이고, 기온이 추락했다.

이곳 마당에 아이들이라곤 없었다. 누런 잔디 위로 그림자만 길어질 뿐. 집들 위로 붉은참나무와 핀참나무, 늪지백참나무 도토리가 비처럼 쏟아졌다. 텅 빈 침실의 덧창들이 몸서리를 쳤다. 웅웅대다 딸꾹질하는 세탁 건조기, 콧소리로 실랑이를 벌이며 낙엽을 내쫓는 송풍기, 이 고장에서 자라나 종이봉투 속에서 익어가는 사과들, 새로 칠한 의자의 페인트 냄새. 그때 비상벨이 울렸다.

―조너선 프랜즌, 〈인생수정〉

소설의 첫 장면이다. 카메라 앵글이 저 멀리 창밖 풍경에 머물다 집안으로 들어와 구석구석을 비추고 있다. 황량하고 을씨년스럽다. 집 안의 모습은 상대적으로 조용하다. 침실 덧창의 떨림은 외부의 공세와 내부의 평온 사이의 균형추다. 창문이 방파제 역할을 하고 있는 셈이다. 그러나 비상벨이 울림으로써 벽은 허물어지고 균형이 깨졌다. 이윽고 돌풍이 깨진 덧창 사이로 내부에 쏟아져 들어와 한바탕 회오리를 칠 기세다.

●●● 얼어붙은 동굴 속 봉인된 침묵

동굴 내부는 서늘한 습기에 젖어 있었다. 길고 구불구불한 좁은 통로를 지나자, 천장이 높고 길폭이 넓은 곳이 나왔다. 얼마간 더 걸어 들어가자, 앞쪽에 얼어붙은 폭포와도 같은 암벽이 보였다. 꼭대기에서 단 한 번 크게 울부짖은 후 맹렬하게 한꺼번에 땅으로 흘러내린 듯한 형상의 암벽은 본래의 완만하게 누적된 생성의 시간을 단숨에 지우고, 순간적인 형상의 성취를 떠올리게 했다. 굉음은 흐름 속에 삼켜지고, 그 흐름은 다시 상아색을 띤 젖은 바위의 침묵에 봉인되어, 그 속에서 부르르 떨고 있는 듯했다.

―히라노 게이치로, 〈일식〉

책 속의 주인공인 사제는 성직자를 쫓고 있다. 숲과 개울을 지나 점점 깊숙이 이어진 미행 끝에 다다른 동굴. 그 안은 긴장이 감돌고 있다. 동굴 속은 기기묘묘한 암벽이 있다. 그중 사제의 눈에 들어온 암벽은 형상이 마치 짐승이 포효하는 듯 사납다. 이를 작가는 '울부짖은 후 맹렬하게 한꺼번에 땅으로 흘러내린 듯한'이란 표현으로 묘사했다. 마지막 문장은 더 극적이다. 마치 폼페이의 최후처럼 갑자기 정지되어 형성된 암벽과 굉음의 모습을 '부르르 떨고 있는'이라는 형용사로 응축했다.

●●●주인은 코털을 뽑아 종이에 세우더니

오늘은 날씨 좋은 일요일. 주인은 내 곁에다 붓과 벼루, 원고용지를 나란히 놓고 배를 깔고 엎드려 무어라고 자꾸만 웅얼거리고 있다. 묘한 소리. 아마도 첫 문장을 쓰기 위한 습관인가 보다.
'글쓰기 달인'
거창하게 몇 자를 썼다. 이어 붓을 놀렸다. 그러나 붓은 거기서 딱 멈춘 채 움직이지 않는다. 주인은 붓을 들고 고개를 비틀었다. 별반 근사한 생각이 안 떠오르는지 붓을 입으로 빨기 시작했다.
잠시 후 뭔가 쓰는 듯 했다. 알고 보니 글 밑에다 살짝 동그라미를 그렸다. 이어 그 속에 점 두 개를 찍어 눈을 달았다. 한복판에 콧구멍이 벌름한 코를 그리고, 한 일자로 입을 모로 좍 그었다. 문장이 계속 생각이 나지 않나 보다. 그러더니 그림을 죽죽 그어버렸다.

  이번엔 붓을 버리고 수염을 비틀고 있다. 문장을 수염에서 짜내려는 듯 맹렬히 비틀어 올리고 비틀어 내렸다. 그도 저도 안 되나 보다. 주인은 이번엔 콧속으로 손가락을 가져갔다. 코털을 뽑더니 한 가닥 한 가닥 정중하게 원고지 위에 심어 놓는다. 살이 붙어 있는지라 바늘을 세운 것처럼 선다. 주인은 생각지 않은 발견을 하고 감격했는지, 훅 불어본다. 코털은 접착력이 있어 날아가지 않는다.

  "코털 참 되게 단단하군."

  나쓰메 소세키의 〈나는 고양이로소이다〉 속 한 장면을 재미있게 각색했다. 글 속의 화자는 고양이다. 한 한량 같은 남자가 모처럼 글쓰기를 시도하다 실패하는 과정을 고양이의 눈을 통해 상세하게 묘사했다. '문장을 수염에서 짜내려는 듯'이라는 표현이 재미있다. 남 일이 아니다. 글이 나오지 않으면 볼펜 끝을 물어뜯거나, 다리를 떨거나, 손을 비비거나 하는 우리 모습이다.

●●● 햇빛이 맑아 소녀의 내장까지 들여다보일 듯

쌔근쌔근, 숨소리가 계속됐다. 고요하면서도 밝은 나팔 소리 같았다. 마치 눈으로 보고 손으로 만지는 것처럼, 누군가의 숨소리를 이렇게 생생히 듣는 일은 처음이었다. 눈썹은 소복했고 이마는 희고 맨들맨들, 튀어나와 있었다. 소녀가 아니라 혹 소년인가. 짧게 커트한 머리칼은 윤이 났다. 가름한 목선을 타고 흘러내린 정맥이 푸르스름했다. 햇빛이 어찌나 맑은지 잘 보면 소녀의 내장까지 들여다볼 수 있을 것 같은 느낌이었다. 팔걸이에 걸쳐진 양손과 팔은 어린아이의 그것만큼 가늘었다. 콧날엔 땀방울이 송골, 맺혀 있었다.

-박범신, 〈은교〉

투명한 여름 오후, 노 시인은 한 소녀를 보았다. 바람에 씻긴 듯 청아한 얼굴. 낮 단잠에 빠져든 소녀는 잠자는 숲 속의 공주였다. 날씨와 젊음 그리고 새하얀 피부 빛이 서로 어우러져 광채가 났다. 노 시인은 밤하늘에 지는 유성을 본 소년처럼 설레었다. 햇빛에 가려 보이지 않았지만 그날은 낮별이 떴고, 이를 바라보는 노 시인의 마음에도 별 하나가 새겨졌다. 쌔근쌔근, 소녀의 숨소리가 독자에게도 들리는 듯하다.

글쓰기 멘토들의 조언

❋ 긴장감 있게 짜인 글이 좋은 글

어떤 문장이 좋은 문장인가.
  우선 주제가 뚜렷하고 강해야 한다. 즉 글쓴이가 말하려는 요점이 선명, 정확, 간결하게 나타날수록 '좋은 글'이다. 또한 주제를 부각시키는 화제(소재)가 새롭고 재미있어 읽을 이의 마음을 움직일 수 있어야 한다. 그다음은 재미있게 구성된 글, 즉 독자가 싫증나지 않게 끝까지 긴장감 있게 짜인 글이다. 여기에 참신하고 개성적인 표현이 더해진다면 금상첨화다. 마지막으로 독자가 쉽게 읽을 수 있도록 표기가 다듬어지고, 단락의 장, 단이 조화를 이루며, 효과적인 문장부호 등으로 독자를 배려해야 좋은 글이다.

—장하늘

❋ 뜻을 세우고 글의 얼개를 짠 뒤 거침없이

무릇 글을 지으려면 반드시 먼저 뜻을 구상해야 한다. 뜻에는 처음과 끝이 있고 짜임새가 있기 마련이다. 앞뒤가 대략 갖추어지고 짜임새가 어느 정도 타당하게 되면 바로 붓을 내달려 쓴다.
  뜻이 선 뒤에 말을 다듬는다. '수사'는 어우러지고 아름답고 깔끔하며 정밀하게 만드는 행위일 뿐이다. 앞의 구절을 다듬을 때는 뒤 구절을 생각하지 말고 위의 한 글자를 다듬을 때는 아래 글자를 떠올려서는 안 된다. 비록 천만 언의 긴 글을 짓는 일도 한 글자 한 글자를 마치 짧은 율시 짓기처럼 조심조심해야 한다.

—이건창

4장

포인트(POINT)라이팅, 어떻게 쓸 것인가?

1 포인트만 알면 글쓰기 끝!

　수학이나 과학에는 공식이 있다. 공식은 문제를 쉽게 푸는 데 도움을 준다. 예컨대 아인슈타인의 상대성 이론 공식은 $E=mc^2$ 이다. 이를 벤치마킹해 글쓰기 공식을 만든다면 $W=het^2$가 된다. 글쓰기 실력(W)은 손(h)과 눈(e) 그리고 생각(t)의 제곱에 비례한다는 뜻이다.

　글쓰기는 손재주와 사고의 깊이, 글감을 볼 줄 아는 안목이 있어야 한다. 손은 글을 쓰기 위해 존재하고, 눈은 글감을 찾기 위해 존재하며, 생각은 글을 풀어내기 위해 존재한다. 글쓰기는 많이 읽고, 쓰고, 생각하라 했다. 이를 다른 말로 변환하면 손은 다작을 위해, 눈은 다독을 위해, 머리는 다상량을 위해 필요하다. 손과 눈, 머리, 이 세 톱니가 잘 맞물려야 글을 잘 쓴다.

그러나 W=het^{2}는 추상적이다. 과연 실전에서 활용할 방법론이 없을까? 나는 고민 속에서 전작 〈글쓰기훈련소〉를 통해 '포인트(POINT)라이팅'을 발표했다. 'POINT'는 글의 형식이자 내용인데 다음과 같은 뜻을 지닌다.

P(Point) : 특징, 핵심, 글감
I(Information) : 주변 정보, 상황 정보, 언저리 정보
O(Object, Outline) : 대상, 내용, 줄거리
N(News) : 뉴스, 화젯거리, 예문
T(Thought) : 생각, 소감

우리가 알고 있는 글의 구조에는 서론, 본론, 결론 혹은 기승전결이 있다. 그러나 그 구조만으로 글을 다 쓰지는 못한다. 일기 쓸 때 서론 본론 결론으로 쓰는가? 아니면 기승전결로 쓰는가? 둘 다 아니다. 서평이나 보고서 또한 마찬가지다. 그렇다면 우리가 늘 쓰는 글쓰기에 적합한 글의 구조가 없는 셈이다. 그래서 만든 방법이 '포인트라이팅'이다.

이 포인트 글쓰기는 다음 과정으로 이루어진다. 먼저 무엇을

쓸지 포인트를 잡는다. 다음으로 글감에 대한 배경정보를 기술한다. 이어 대상(글감)의 윤곽이나 개요를 적는다. 여기에 주제를 뒷받침할 수 있는 화젯거리나 예문을 넣는다. 그다음에는 글감에 대한 생각을 쓴다. 참고로 여기에서 순서는 큰 의미가 없다. POINT일 수도 있고, PIONT일 수도 있다.

P : 무엇을 쓸 것인지, 즉 글쓰기의 주제 혹은 소재를 잡는다.
I : 글을 쓰게 된 동기나 배경, 관련 정보를 기술한다.
O : 대상(글감)의 개요나 주요 내용을 적는다.
N : 인용, 예화, 참고 자료를 넣는다.
T : 생각을 적는다.

아래 글을 통해 POINT가 어떻게 글의 형식이 되는지 알아보자. 이 글은 장영희 교수의 〈이 아침 축복처럼 꽃비가〉에 소개된 한국 유학생의 글로 책에 따르면 외국 교수로부터 "잘 썼다."는 칭찬을 받은 글이다.

올해 '예일 어린이병원' 성탄 파티 때 우리는 아이들 얼굴에 그림을 그려주기로 했다. 성탄 트리를 함께 만들고 나서 아이들은 줄지어 우리 앞에 섰다. 그림 그리기에 별로 소질이 없는 나는 내심 걱정이 되었다.

"무슨 그림 그려줄까?"

내가 묻자 첫 아이가 "눈사람이요!"하고 대답했다. 나는 아이의 뺨에 흰색 동그라미 두 개를 그리고 검은색 눈과 입을 그려 넣었다. 아이는 거울을 보더니 흡족한 미소를 지었고 사실 내가 보기에도 썩 괜찮은 그림이었다. 다음에는 여자아이였는데 산타클로스를 그려달라고 했다. 눈사람보다는 어려웠지만 그래도 빨간색 삼각형 모자에 구름 같은 흰 수염을 그리자 아이는 신이 나서 뛰어갔다. 다음은 너덧 살로 보이는 흑인 아이였다.

"이름이 뭐니?"

"자마. 근데 나 왼쪽 뺨에는 특공대 군인 아저씨, 오른쪽 뺨에는 파워레인저 로봇을 그려줘."

나는 난감하기 짝이 없었다. 하지만 이제 와서 못한다고는 할 수 없는 노릇인지라 나름대로 정성을 다해 그렸다. 그러나 결과는 왼쪽 뺨에는 초록색 방울, 오른쪽 뺨에는 빨간색 방울 하나씩이 붙어 있는 형상이 됐다. 거울을 내밀며 나는 자마가 울음을 터뜨릴까 봐 겁이 났다. 그러나 놀랍게도 자마는 울음 대신 함박웃음을 짓더니 의자에서 펄쩍 뛰어내려 내 목을 꼭 껴안았다.

"너무 멋지다! 고마워요!"

결국 눈물을 흘린 것은 자마가 아니라 나였다. 부근의 빈민촌에 사는 이 아이들은 아마 우리가 준 선물 하나와 뺨의 그림이 이번 성탄절에 받는 선물의 전부이리라. 자마를 안고 나는 이야기 하나를 떠올렸다.

거센 폭풍우가 지나간 바닷가 아침이었다. 태양이 천천히 잿빛 구름을 뚫고 있는데 소녀 하나가 무엇인가를 미친 듯이 바다 쪽으로 던지고 있었다. 노인이 다가가 무엇을 하고 있느냐고 묻자 소녀가 답했다.

"이제 곧 해가 높이 뜨면 뜨거워지잖아요. 그럼 여기 있는 모든 불가사리가 태양열에 죽게 될 테니까 이 불가사리들을 바다 속으로……"

노인이 크게 웃음을 터뜨리며 말했다.

"애야. 이 해변을 봐라. 폭풍우로 밀려온 불가사리가 셀 수 없을 정도로 많은데 네가 하는 일이 무슨 소용 있겠니?"

소녀는 수긍이 가는 듯 잠시 생각에 잠기더니 다시 불가사리 하나를 집어 힘껏 바다를 향해 던졌다. 소녀는 미소를 지으며 노인에게 말했다.

"적어도 저 불가사리에겐 소용이 있지요."

이 아이들은 내게 가르쳐주었다. 진정한 변화는 아이의 얼굴에 푸른색 방울을 그리는 것과 같이 아주 작고 구체적인 일에서 시작된다는 것을. 그것이야말로 자선의 참의미라는 것을. 자마는 나의 불가사리였다.

이 글을 분석해 보자. 이 글의 맨 앞에 나오는 내용, 즉 '올해 예일 어린이병원에서 생긴 일'은 글의 배경 정보다. 특정 사안에 대한 때와 장소, 사건 배경이 들어갔다. 이어 일어난 일(글감)에 대해 대화체를 넣어 실감나게 기술했다. 다음에 '노인과 소녀'라는 이야기(뉴스)를 인용했다. 글 쓸 때 흔히 쓰는 예화다. 이와 함께 맨 마지막 세 줄은 글쓴이의 소감이다. 이를 정리하면 다음과 같다.

  P(포인트) : 빈민촌 아이들과 겪은 감동 이야기
  I(배경) : 올해 예일 어린이병원 성탄 파티 때 벌어진 일
  O(내용) : 아이들과 겪은 이야기의 개요
  N(예화) : 노인과 소녀 이야기
  T(소감) : 진정한 변화는 아주 작고 구체적인 일에서 시작된다는 것을 깨달았다.

2 P_포인트를 잡아라

글을 잘 쓰려면 주제를 잡고 소재를 찾아야 한다. 즉 POINT를 잘 잡아야 한다. 남이 보지 못하는 대상의 특징을 발견하고, 남다른 안목과 감수성이 있어야 한다. 바로 포인트다. 피천득 작가의 〈수필〉에 나오는 다음 대목이 대표적인 예다.

덕수궁 박물관에 청자연적이 하나 있었다. 내가 본 그 연적은 연꽃 모양으로 된 것으로, 똑같이 생긴 꽃잎들이 정연히 달려 있었는데, 다만 그중에 꽃잎 하나만이 약간 옆으로 꼬부라졌었다. 이 균형 속에 있는, 눈에 거슬리지 않는 파격이 수필인가 한다.

작가는 여러 장의 꽃잎 속에서 남들이 보지 못하는 '파격'을 봤다. 독특한 무언가를 찾아내는 일, 바로 포인트다. 꼬부라진 꽃잎 하나로부터 글쓰기가 시작된다. 글쟁이는 검푸른 바다에서 생선의 움직임을 포착하는 어부다. 수초 덮인 물속의 고기 떼를 향해 찌를 던지는 낚시꾼이다. 흔적을 통해 맹수를 쫓는 사냥꾼이다. 이처럼 글쟁이는 늘 포인트를 파악하려고 노력해야 한다.

포인트는 글의 운명을 좌우한다. 설득은 글쓰기의 목표 중 하나인데, 글이 마음을 움직이려면 독자들이 원하는 바를 잘 알아야 한다. 이것은 글의 포인트를 무엇으로 잡느냐의 문제다. "오늘은 무슨 요리를 할까? 아, 그래 이것이다!"와 같은 느낌이 그것이다. 글쟁이는 포인트에 민감해야 한다. 책을 읽으면서, 영화를 보면서, 사람을 만나면서 흥미로운 특징을 파악할 수 있어야 한다. 여기 포인트를 발견하는 방법 8가지를 소개한다.

●●● 연인의 눈에서 발견한 마법의 씨앗

피츠제럴드의 〈위대한 개츠비〉를 읽고 서평을 쓴다고 하자. 맛깔스러운 글감이 있어야 글이 잘 써질 것이다. 가장 먼저 떠오르는 방법은 제목에서 모티브를 얻어 '개츠비는 왜 위대할까?'라는 질문을 포인트로 잡고, 그에 대한 답을 서술하는 것이다.

장영희 교수는 〈이 아침, 축복처럼 꽃비가〉에서 그 답을 '희망을 가질 줄 아는 비상한 재능과 낭만적 준비성, 그리고 경이로움을 느낄 줄 아는 능력'이라고 설명한 바 있다. 자, 그렇다면 경이로움을 느낄 줄 아는 개츠비의 능력이 드러난 대목을 찾아서 넣으면 뉴스(News, 이야깃거리, 책 속의 특정 장면)가 된다. 이 소설에서 가장 인상적인 문장을 이해하려면 잠시 소설 속으로 들어가야 한다.

'순수 남' 개츠비는 오랫동안 마음에 둔 옛 연인 데이지를 몹시 사랑한다. 성공한 사업가인 그는 데이지를 자신의 저택으로 초대하려는 기대가 풍선처럼 부풀어 있다. 데이지를 위해 꾸며놓은 호사스러운 집이다. 어느 날 드디어 개츠비는 데이지를 집으로 데려올 수 있었다. 그녀는 개츠비가 온 정성을 들인 집 내부를 구경했다. 개츠비는 사랑스러운 눈으로 데이지의 동선을 따라가며 지켜봤다. 작가는 그 광경을 다음처럼 썼다.

개츠비는 잠시도 데이지에게서 눈을 떼지 않았다. 그는 자신의 모든 집의 물건들을 데이지의 아름다운 두 눈에 비치는 반응에 따라 재평가하고 있는 것처럼 보였다.

데이지에 대한 개츠비의 사랑을 함축적으로 보여주는 장면이다. 사랑하는 사람이 자신의 집을 처음 방문한다고 가정해 보라. 그녀가 자신을 위해 산 비싼 가구는 젖혀 두고, 허름한 장식품에 눈길을 준다면 마음이 어떨까. 아마 다음과 같은 느낌일 것이다.

'아, 저 가구가 저렇게 예뻤구나.'

모든 연인은 그 모습을 보면서 이와 같은 생각을 할 것이다. 꿈과 사랑을 잃어버린 세상에서 주인공의 낭만과 순수함은 빛을 발한다. 따라서 그 대목은 책에 대한 서평을 쓸 때 가장 중요한 포인트가 될 수 있다.

●●● '느낌표' 하나에 흥미로운 포인트

〈삼엽충〉은 뛰어난 글 솜씨를 자랑하는 과학책이다. 참고로 삼엽충은 5억 4천만 년 전에 등장하여 무려 3억 년이라는 시간 동안 살다 사라진 고생물이다. 지구의 역사에는 유명한 '캄브리아기 대폭발'이 있다. 엄청나게 다양한 생명들이 한꺼번에 폭발한 5억 4,300만 년에서 5억 3,800년까지 500만 년의 시기다. 이 짧은 기간에 30억 년간 만들어 내지 못했던, 놀라운 진화사적 진보가 이뤄졌다. 그 주된 요인이 바로 눈을 가진 삼엽충의 출현이었다.

학자들은 이를 '지구에 빛의 스위치가 켜지듯, 모든 상황이 달라졌다'고 분석한다. 삼엽충은 바로 이 캄브리아기 대폭발 때 최초로 눈을 가진 동물로, 진화사에서 매우 중요한 위치를 차지하고 있다. 삼엽충을 몹시 사랑했던 고생물학자 리처드 포티는 같은 이름의 책을 냈는데, 그에 대한 타임스(The Times)의 서평은 다음과 같았다.

그는 책 제목에 감탄사(!)를 넣었다. 처음에는 어리석다고 생각했다. 그러나 이 책을 읽고 나자 그 까닭을 깨달았다. (중략) 식견과 과학, 역사, 매력, 재치로 가득한 눈부신 책이라서 도저히 요약할 방법이 없을 정도다. 이 책은 처음부터 끝까지 멋진 말을 쏟아낸다.

원본 〈삼엽충〉의 제목 〈TRILOBITE!〉에는 느낌표(!)가 있다. 저자는 삼엽충에 대한 진화사에서의 놀라운 공로와 저자의 글 솜씨에 대한 탄성을 담아 책 제목에 느낌표를 넣었다. 그 느낌표는 오래전에 멸종한 어떤 무척추동물을 놀라운 생명과 진화의 산증인으로 격상시켰다. 이 정도면 저자가 감탄사를 붙인 의도에 토씨 하나 달 수 없다. 타임스 서평을 쓴 리처드 엘리스는 책 제목의 느낌표 하나로 멋진 글 한 편을 완성했다.

이 책을 읽다 보면 정통 과학책인지 과학소설인지, 문학인지

헷갈릴 정도로 글이 아름답다. 이 점을 확인한 나는 타임스를 참고해 다음과 같이 서평의 결말을 지었다.

저자 리처드 포티가 삼엽충에 감탄사를 넣음으로써 한 작은 생명체에 놀라운 감회를 표현했다. 아마 많은 독자 역시 저자의 감탄사 뒤에 또 하나의 감탄사를 추가하고 싶을 것이다.

●●● 미세한 떨림을 포착해 시를 쓰다

사랑은 마법을 일으킨다. 봄날. 이십대의 한 시인은 마음에 둔 여성과 나무 그늘에 앉아서 쉬고 있었다. 사랑하는 이와 함께 봄 햇살처럼 화창한 미래를 꿈꾸던 시인은 놀라운 마법을 경험했다.

갑자기 당신의 배경에서 한 그루의 꽃나무가 있다는 것을 알았고, 그 나무가 조금씩 떨면서 봄꽃을 피우고 있는 것이 보였습니다. 나무가 꽃을 바쁘게 피워가며 아주 작게 떨고 있었습니다. 나무가 떨기도 하는구나, 하고 경이에 차서 나는 아무 말도 못하고 그 떨림만 보고 있었습니다.
－마종기, 〈당신을 부르며 살았다〉

나무가 꽃을 피워 내는 모습을 과연 누가 볼 수 있을까? 신이 아닌 이상 불가능한 그 광경을 시인은 보았다. 마음에 눈이 있었기에 가능한 일이었다. 애틋한 사랑의 감정이 마음의 눈을 뜨게 한 것이다. 놀라운 사랑의 힘이 아닐 수 없다. 그로부터 시 한 편이 탄생했다. 사랑의 마법이 글쓰기 마법과 합작해 만든 시다.

꽃이 피는 이유를
전에는 몰랐다.
꽃이 필적마다 꽃나무 전체가
작게 떠는 것도 몰랐다.

꽃이 지는 이유도
전에는 몰랐다.
꽃이 질 적마다 나무 주위에는
잠에서 깨어나는
물 젖은 바람 소리.

사랑해본 적이 있는가.
누가 물어보면 어쩔까.

－마종기, '꽃의 이유'

••• 3초의 순간에 대어를 낚다

2010~2011시즌 유럽축구 챔피언스리그에서 바르셀로나와 맨체스터유나이티드가 맞붙었다. 스코어는 3대 1. 맨유의 완벽한 패배였다. 바르샤 팬들에게는 더없이 황홀한 밤이었겠지만 맨유 팬에게는 낙심의 밤이었다.

이 경기에 대해 글을 써야 한다면 어떻게 해야 할까? 맨유의 뼈아픈 패배, 선수들의 절망과 쓰라림을 어떻게 글에 녹여낼지가 관건이다. 한 기자는 퍼거슨 감독의 표정과 행동에서 포인트를 잡았다. 경기 말미, 방송 카메라에 잡힌 퍼거슨은 두 주먹을 불끈 쥐고 있었다. 약 3초간 방영된 이 장면은 그날 경기를 말해 줬다.

경기가 끝나가고 있었다. 70세 노인의 부르쥔 두 주먹이 경련하듯 부르르 떨렸다. 잉글랜드축구의 심장 웸블리. 붉은색 벤치에 등을 기대고 앉은 알렉스 퍼거슨의 두 뺨은 굴욕감으로 달아올랐다.
　　　　　　　　　　　　　　　　　　　　-중앙일보, 2011년 5월 30일자

백전노장, 노회한 퍼거슨은 마음속으로 무슨 생각을 하고 있었을까? 상대 감독은 서른 살이나 아래인 애송이다. 아마 '헤어드라이기'라는 그의 별명으로 보건대 '이 수모를 결코 잊지 않으리라.

다음번에는 반드시 복수를 해 주리라.'였을 것이다. 퍼거슨의 주먹에 패한 맨유의 심정이 들어 있었다. 실력 차를 인정하지만 결코 받아들일 수 없는 굴욕.

글쓰기를 잘한다는 말은 포인트를 빨리, 예리하게, 잘 잡는다는 말과 동의어다. 경기 내용을 담은 글의 말미를 다음과 같이 장식하면 멋진 글쓰기가 완성된다.

이날 경기의 결과는 퍼거슨의 주먹이 말해 준다. 불끈 쥔 주먹과 미세한 떨림에서 참기 힘든 굴욕과 설욕에의 다짐을 읽을 수 있다.

••• 피켓 글씨도 때론 글쓰기 포인트

포인트는 경기장에 걸린 피켓에도 있다. 한국 시간으로 2012년 4월 8일 아스널과 맨시티가 격돌했다. 한 팀은 3위, 한 팀은 우승이 걸린 빅게임이었다. 결과는 아스널의 승리로 끝났다. 아래는 관련 기사 중 하나다. 운동장의 '걸개'를 보는 순간 글은 이미 시작됐다.

'You Can't Buy Your Class(클래스는 돈으로 살 수 없다.).' 에미

리츠 스타디움에 걸려 있던 아스널 팬들의 걸개 문구였다. 전통의 명문 팀이 신흥 부자 클럽에게 던지는 비아냥 섞인 촌철살인. 짜릿한 승리가 더해지며 유희의 완성도는 120%가 됐다.

-베스트일레븐, 2012년 4월 9일자

또 다른 사례다. 만약 골프 황제 타이거 우즈에 대한 글을 써야 한다고 하자. 그는 여성 스캔들로 인해 한동안 깊은 늪에 빠졌다. 아내와 갈라섰고, 골프 성적도 곤두박질쳤다. 위상이 급격히 추락했다. 염문이 터지자 스캔들 기사가 쏟아졌다. 그를 둘러싼 키워드는 '그린의 제왕, 강인한 멘탈, 행복한 결혼생활, 파리 떼 같은 파파라치, 그리고 사생활 보호' 같은 단어가 있다.

그에 대한 에세이 중 가장 흥미로운 포인트는 그의 요트에 있었다. 그의 요트 이름은 '프라이버시'다. 그 단어에는 그가 얼마나 사생활에 대해 신경을 썼으며, 얼마나 존중받고 싶어 했는지가 담겨 있다. 그 마음이 요트 이름으로 나타났다고 볼 수 있다. 그렇다면 '프라이버시'라는 단어 하나를 가지고도 글을 쓸 수 있다.

우즈의 요트 이름은 골프 황제의 찬란한 과거와 얼룩진 현재를 말해주고 있다.

••• 아련한 꽃의 속삭임까지 듣는 감성

프랑스의 기호학자 롤랑 바르트는 사진 분석의 한 개념으로 '푼크툼(punctum)'을 도입했다. 그 내용은 이렇다.

라틴어로 '점'을 뜻하는 이 말은 사진이나 회화 혹은 영화 같은 작품을 감상할 때 순간적으로 꽂히는 강렬한 요소를 의미한다. 그 요소가 타인에게는 아무렇지도 않을 수 있으나 자신에게는 가슴을 찌르고 오랫동안 응어리지는 것이다.

-장문경, 〈사랑이 음악에게 말했다〉

이 푼크툼이 때론 글쓰기의 포인트와 같다. 한 개인에게 어찌할 수 없을 만큼 강렬한 우연의 마법이 일어나는 순간이다. 어느 해 4월 어느 날. 〈접시꽃 당신〉의 도종환 시인이 길을 걷고 있었다. 온종일 비가 내린 거리를 지나가다 걸음을 멈추었다. 어디선가 달콤한 향기가 번져왔다.

어디서 오는 향기일까? 걸음을 멈추고 주위를 둘러보니 골목 끝에 라일락 나무 한 그루가 보였다. 그는 그 꽃 옆으로 걸어갔다. 아마 보통 사람 같으며 '향기 참 좋다'라며 지나칠 법한 상황이다. 그러나 그는 이런 생각을 했다.

'꽃이 지나가는 나에게 향기를 흘려보낸 것은 내게 할 이야기가 있기 때문이 아닐까?'

시인은 왜 꽃이 자신을 부르는지 알기 위해 서성거렸다. 그러다 꽃의 말을 들었다. '꽃은 진종일 비에 젖어도 향기는 젖지 않는다.'는 내용이었다. 그 순간 그는 굴곡진 삶 속에 빛바랜 자신을 돌아보았다. 동시에 깨달음을 얻었다. 그는 이 경험을 바탕으로 글을 썼고, 나중에 책 제목이 됐다. 감성은 마법을 일으킨다. 작은 사물 하나, 작은 사건 하나에 대한 감수성은 글쓰기에서 무척 중요하다.

"라일락은 연보라색이라 비에 젖으면 금방 지워질 듯한 여린 빛이다. 그런데도 제 빛깔을 잃지 않고 있다. 세월의 빗발에 젖으며 나는 내 빛깔과 향기를 얼마나 많이 잃어버렸던가."

-도종환, 〈꽃은 젖어도 향기는 젖지 않는다〉

••• 프로 글쟁이만 아는 '숫자의 마법'

미국 테네시 주에 갔을 때 일이다. 그곳에는 '루비폴'이라는 동굴 속 폭포가 있다. 지하 깊숙한 곳에 자리 잡은 이 폭포는 100미터 높이에서 쏟아지는 물줄기를 자랑한다. 폭포에 가기 위해서는 동굴로 들어가야 한다. 처음부터 동굴로 진입하는 것이 아니라 엘리베이터를 타고 내려갔다. 나는 타기 전에 휴대전화 스톱워치를 준비했다. 엘리베이터로 내려가는 시간을 측정하기 위해서다. 왜냐하면 글을 쓸 때 이 내용은 매우 중요한 포인트가 될 것을 직감적으로 알기 때문이다.

사람들은 숫자에 민감하다. 숫자로 말하면 쉽다. 글쓰기를 잘하기 위해 매일 글을 써야 한다고 말하는 것보다 1천 매를 쓰면 된다고 말하는 쪽이 훨씬 더 설득력이 높다. '1만 시간의 법칙'이 대표적인 예다. 성공하기 위해선 하루 3시간씩 10년이 필요하다. '매일 죽어라고 열심히 해야 한다.'는 말보다 훨씬 가슴에 와 닿는다.

2010년 7월 19일. 과천 국립현대미술관 지하 1층 수장고. 난데없이 한 무리의 사람들이 나타났다. 현직 판사와 국립과학수사연구소 전문가였다. 이들은 이중섭 화백의 그림을 면밀히 관찰한 끝에 털 한 가닥을 채취했다. 이 모습을 보던 한 사람의 얼굴에는 회심의 미소가 지어졌다.

당시 논란을 빚었던 '대규모 이중섭 위작 사건' 수사 과정에서 있었던 일이다. 가짜 그림을 판매한 피고인은 위작의 진위를 가릴 결정적인 증거로 이중섭의 머리카락이 그림에 붙어 있다고 의견을 낸 것이다. 이 글에서 핵심은 털, 즉 머리카락이다. 당연히 언론 기사는 이 점에 초점이 맞춰져 있다. 그러나 명민한 기자는 이 털의 길이에 관심을 가진다. 밝혀진 바에 따르면 4센티미터. 그런 덕에 이런 표현이 가능해졌다.

그림에 남겨진 불과 '4cm의 털'이 한국 미술사상 최대의 위작 의혹을 풀 수 있는 열쇠가 된다.

흔히 널려 있는 '털'과 '숫자가 붙은 털'은 전혀 다른 의미를 지닌다. 좋은 글쟁이는 평범한 내용을 숫자로 변환시켜 마법을 일으킨다. 2012년 LPGA 나비스코 챔피언십에서 기가 막힐 사건이 일어났다. 선두를 달리던 김인경 선수가 마지막 홀에서 불과 30센티미터의 퍼트를 놓친 것이다. 한 뼘 반이 못되는 거리다. 그로 인해 김인경은 우승을 눈앞에서 놓쳐 준우승에 머물렀다.

이 내용을 어떻게 글로 표현할 것인가. 포인트는 바로 숫자다. 우승과 준우승의 상금 차이를 따져보니 약 1억 3,300만 원. 퍼팅 하나가 억대의 돈을 좌우했으니 그럴 법하다. 글의 포인트를 확실히 하기 위해 상금의 숫자를 계산했을 글쓴이의 모습이 눈에 선하다.

●●● 통화 연결 음에서 발견한 글의 씨앗

"섬이라는 말과 그림을 보며 조건반사적으로 떠오르는 이미지는 무엇인가?"

대부분은 "외로움, 고독, 갇힌 공간"이라고 답한다. 그러면 나는 다시 답을 준 사람들을 향해 "섬을 어디서 보았는가?" 하고 되짚어 질문한다. 대부분은 "육지에서 보았다."고 답한다. 이처럼 사람들은 자기가 서 있는 곳에서 사물을 인식한다.

육지에서 섬을 보면, 사방을 향해 닫혀 있는 고립무원의 공간이다. 하지만 섬에 가서 본다면 어떨까? 섬은 사방을 향해 물길, 뱃길을 열어둔 열린 공간, 어디로든 갈 수 있는 가능성의 공간이다.

-홍사종, 〈이야기가 세상을 바꾼다〉

그렇다. 사물을 어디서 보느냐에 따라 내용이 완전히 바뀔 수 있다. 글쓰기의 포인트 역시 이와 같아서 포인트만 제대로 잡으면 개성 있고 창의적인 글을 쓸 수 있다.

2009년 야구 한국시리즈가 끝난 후의 일이다. 기자 한 명이 SK선수 최병룡을 취재했다. 최병룡은 기아와 붙은 그 한국시리즈에서 막판 끝내기 홈런을 얻어맞은 패전 투수다. 기사를 읽기도

전에 기사 내용이 대략 짐작됐다. 당시 홈런을 맞을 때의 심정, 그리고 그 후일담이 주축이 될 터였다.

글쟁이가 모두 그렇듯 그 기자는 '기사의 포인트를 무엇으로 잡을까'를 고민했을 것이다. 그 결과물은 흥미로웠다. 기자가 잡은 포인트는 뜻밖에도 컬러링이었다. 전화를 하다 보니 최 투수의 컬러링이 특이했던 것이다. 바로 이현의 노래 '30분 전'이었는데 그 가사에는 다음과 같은 대목이 나온다.

30분 전에 내 가슴 찢기지 않았는데 30분 전에 내 얼굴이 눈물범벅 아니었는데

기자는 그 노래를 최병룡 선수의 심정과 연결했다. 그로부터 재미있는 기사 하나가 탄생했다.

30분 전에 그의 가슴은 찢기지 않았으리라. 홈런을 맞는다는 상상조차 하지 않았으리라.

I 인트로와 배경 쓰기

 글쓰기는 극단적으로 보면 두 가지 과정이다. 하나는 사실을 표현하는 일이고 하나는 생각을 글로 나타내는 일이다. 생각 쓰기는 기본적으로 어렵다. 생각의 샘에 '물'이 고여야 하는데 그것은 지식과 지혜, 경험과 느낌의 총아다. 준비가 되어 있지 않으면 생각 쓰기가 쉽지 않다는 이야기다.

 그럼에도 우리는 늘 생각을 글로 써야 하는 숙명을 안고 있다. 예컨대 글을 읽고 생각을 표현하거나 책에 대한 느낌을 써야 할 때가 있다. 상품에 대한 설명을 쓰거나 서비스를 안내하는 글을 써야 할 때가 있다. 가끔 제안서나 기획서를 쓰기도 한다. 이 모든 행위의 기본은 소위 '작문 실력'이다. 무에서 유를 창조하는 일이다. 책이나 영화 소개 글을 통해 이 문제를 해결해 보자.

이 과정에서 중요한 포인트는 주제어를 읽고 한 단락(4행 안팎)의 글을 쓰는 일이다. 예문을 베껴 쓴 뒤 각각의 키워드를 가지고 작문을 해 보자.

●●● 새하얀 벚꽃 아래서 차 한 잔

〔인트로〕어느덧 봄. 그 완강한 빙하도 봄 앞엔 덧없다. 봄의 정취 중 하나는 벚꽃의 일생을 지켜보는 일이다. 생명의 무상함을 그보다 더 생생히 드러내는 꽃은 드물다. 올봄 새하얀 벚꽃 아래서 차 한 잔을 마시고 싶다.

〔책 소개〕〈리큐에게 물어봐〉를 읽고 든 단상이다. 센 리큐는 절제와 소박의 미학을 앞세워 화려한 기교의 다도 문화를 바꾼 실존 인물이다. 벚꽃 아래서 두 눈을 감은 채 죽음을 맞이하는 주인공. 그 순간을 떠올리면 어디선가 차 끓는 소리가 들리는 듯하다.

과제 키워드: 벚꽃과 차

●●● 쪼그려 앉아 침 삼키며 기다린 어머니 손맛

〔인트로〕 어머니는 고향이다. 빨간 고추를 '확독'에 갈아 절인 김치에 넣고 버무리면, 우리 눈은 그 손을 쫓아 뱅글뱅글 돌았다. 어머니는 가장 여린 김치 속을 손으로 쭉 찢어 밥 위에 올려놓으셨다. 찬밥 담은 그릇을 무릎 위에 놓고 쪼그려 앉아 한 손에 수저 들고, 침을 꼴깍 삼키던 추억이 아스라하다. 밥 한 공기를 뚝딱 비우게 했던 어머니 손맛이 너무나 그립다.

〔책 소개〕〈죽어도 못 잊을 어머니 손맛〉은 이름만 들어도 군침이 도는 고향 음식 77가지 이야기 담겨 있는 책이다. 담백하고 구수한 보리밥, 씨락국에서 이름도 낯선 콩잎김치, 콩나물횟집, 그리고 홍옥냉채까지 맛의 진객이 가득하다. 음식과 추억을 묘사한 맛깔스러운 글을 읽다 보면 마음은 고향으로 달려간다.

과제 키워드: 어머니 손맛

●●● 편지와 가을, 연애 '삼색 조화'

[인트로] 편지와 가장 궁합이 맞는 계절은 가을이다. 두 단어와 잘 어울리는 또 다른 명사는 연애다. 셋이 만나면 그야말로 환상궁합이다. 이 계절에 연애편지를 보내려는 이들, 혹은 상대가 없어 서성이는 이들, 옛 추억을 더듬으며 그리운 얼굴을 떠올리고 싶은 이들이 읽으면 좋을 책이 있다.

[책 소개] 〈작가들의 연애편지〉에는 작가 스물일곱 명의 은밀한 연애편지가 담겨있다. 작가들은 누구를 사랑하고 어떻게 고민하며 이별을 대했을까? 호기심을 베개처럼 가슴에 베고 읽는 재미가 연애소설 못지않다. 대부분 오래된 편지들인 까닭에 책을 열면 먼지가 하얗게 이는 느낌이다.

과제 키워드: 연애편지

●●● 역사에서 사라진 2등의 비애

[인트로] 세상은 1등만 기억한다. 간발의 차이로 '역사의 명부'에 이

름을 올리지 못한 채 사라진 2등의 비애는 가늠할 길이 없다. 바늘만한 차이가 시간이 흐르면 산만한 크기가 된다. 때문에 1등을 하기 위해 때론 편법을 쓰고 비겁함을 무릅쓴다. 한마디로 쪽팔림은 한순간이고 기록은 영원하다. 이치가 그러할진대 역사엔 얼마나 많은 슬픈 2등이 있었을 것인가. 그런 연유로 1등과의 '깻잎 한 장 차이'는 종종 호기심의 대상이다.

〔책 소개〕〈밴버드의 어리석음〉은 '세상을 바꾸지 않은' 13명의 이야기를 다루고 있다. 첫손가락에 들지 못함으로써 세인의 기억 속에서 사라진 이들이다. 고집 때문에, 광기로 인해 혹은 운이 없거나 때를 잘 못 만나 1등이 되지 못했던 주인공들. 그 기막힌 사연은 독자로 하여금 연민을 느끼게 한다.

과제 키워드: 2등의 아픔

•••통과의례—누구나 한 번쯤 겪어야 하는 성장통

〔인트로〕삶은 어찌 보면 잔인해지는 연습이다. 어릴 적 순수했던 마음은 어른들의 세계에서 점점 얼룩이 묻는다. 그러나 결국 성인이 되면

서 익숙해져가며 그저 통과의례로 치부한다. 즐겨먹던 육류가 실은 선한 눈망울과 귀여운 재롱을 떠는 식구 혹은 친구였다는 사실을 알고 받은 충격이 그 한 예다. 통과의례는 한 번쯤 겪어야 하는 고통이며 슬픔이다. 그 성장통 앞에 누구도 예외가 없다.

[책 소개] 〈잔혹한 통과의례〉는 왜곡된 관습에 당당히 맞선 한 소년의 이야기다. 당연히 받아들여야 하지만 용납할 수 없어 고통스러운 일. 혹독한 경험을 통해 소년은 어른이 된다. 순수한 영혼의 성장기를 그린 이 책은 청소년들이 삶을 어찌 마주해야 하는지에 대해 생각할 거리를 제공하는 소설이다.

과제 키워드: 통과의례

●●●아삭! 베어 물면 온갖 이야기의 과즙

[인트로] 아삭! 한입 베어 물자 상큼함이 입안을 넘어 뇌까지 전해진다. 황홀하다. 붉은색, 매끈한 표면, 한가운데 우물. 그 속에서 나온 꼭지 하나. 지극히 단순한 이 사과는 겉모습과 달리 온갖 이야기의 과즙을 지니고 있다.

[책 소개] 〈욕망하는 식물〉은 식물이 어떻게 진화했는지를 담은 책이다. 식물은 인류의 욕망을 만족시키기 위해 치열하게 진화를 거듭해왔다. 이 책은 식물의 입장에서 바라보면 세상이 얼마나 달라 보일 수 있는지 보여준다. 책에서 다루고 있는 네 주인공 중 하나는 사과다.

과제 키워드: 사과

●●● 개요 쓰기-글감의 윤곽 가져오기

글쓰기를 요리로 비유하면 메뉴에 대한 고민은 주제나 소재를 잡는 일이다. 앞에서 말한 포인트 잡기다. 여기서 요리의 재료는 글감, 즉 글쓰기의 소재다. 글감은 'O'로 나타내는데, 이는 쓸 글의 대상(Object)과 쓸 재료의 개요(Outline)를 일컫는다.

1. O=Object(대상, 글쓰기의 소재)
2. O=Outline(개요, 글감의 윤곽)

무언가 글을 쓴다는 행위는 글 쓸 대상의 개요를 가져오는 일이다. 일기는 하루 동안 일어난 특정 '사안'의 줄거리를 줄여서 노트에 적는 행위로부터 출발한다. 소설을 읽고 서평을 쓸 때 역시 소설의 줄거리 일부를 가져다 놓고 글을 쓴다. 과거 기억 속의 어떤 일을 가지고 글을 쓸 때도 기억의 일부를 가져와야 한다. 이 개요를 '줄거리 요약'이라고 봐도 무방하다. 다음 글을 보자.

　지난 2일 금요일 오후. 나는 글쓰기 특강을 하기 위해 강남에 가던 중이었다. 서울 팔레스 호텔 근처에서 뜻하지 않은 사고가 발생했다. 갑자기 차 실내가 더웠다. 에어컨은 켜진 상태. 바람 세기를 높였다. 온도를 더 낮췄다. 그러나 에어컨은 작동되지 않았다. 고장이었다. 창문을 열었다. 9월 초입이었으나 늦더위가 한여름 못지않았다.
　어느 순간, 창문에서 이상한 소음이 들렸다. 내 차인가, 아닌가. 몇 차례 귀를 기울였다. 알 수 없었다. 내 차 같기도 하고 아닌 것 같기도 한 상황. 이상 징후는 갈수록 심해졌다. 갑자기 시동이 꺼질 듯 말 듯하더니 차가 멈췄다. 하필 차가 엄청 밀리는 2차선 도로였다. 반포 팔레스 호텔 앞. 오른쪽으로 꺾으면 중앙도서관을 거쳐 대법원으로 향하는 길목. 평소에도 차가 막히는 지점이었다. 만약 차가 멈춘다면 상상하기 힘든 상황이 닥칠 터였다. 고장 난 차 뒤에서 손을 내저으며 차량을 안내하는 모습. 끔찍했다. 그런 일이 내게도 일어날 수 있다!

제발… 마음속으로 기도를 하며 시동을 켰다. 다행히 엔진이 살아났다. 그 순간, 깨달았다. 자동차를 급히 도로로부터 대피시켜야 한다는 사실을. 전방 5미터 근처에 왼쪽 건물로 들어가는 주차장 입구가 보였다. 조금만 더, 조금만…

그러나 차는 왼쪽에 머리를 들이댄 채 멈춰버렸다. 시동을 걸었으나 헛도는 소리만 났다. 뒤차에서 경적을 울리기 시작했다. 땀이 뻘뻘 났다. 10초쯤 지났을까. 다시 열쇠를 돌리자 시동이 걸렸다. 영화에서 보듯, 거칠게 차를 몰아 단숨에 주차장에 진입했다. 차에서 내리고 나니 글쎄, 보닛 사이로 연기가 피어올랐다. 앞에서 보니 엔진에서 토사물이 쏟아져 나와 흘러내리고 있었다. 그러나 그걸 보고 있을 겨를이 없었다. 급히 택시를 잡아타야 했다. 강의 시작 시간이 얼마 남지 않았던 것이다. 만약 차가 거리 한복판에서 멈췄으면 어땠을까. 그랬다면 특강을 하지 못했을 것이다. 생각만 해도 식겁했다.

이 이야기는 당일 일어난 사고의 일부 개요를 가져온 것이다. 이 이야기를 '포인트(POINT)라이팅' 구조로 풀면 다음과 같다.

P(포인트 잡기) : 뜻밖의 사고
I(배경설명) : 지난 2일 금요일 오후. 나는 글쓰기 특강을 하기 위해 강남에 가던 중이었다.

O(사건 개요) : '갑자기 차 실내가 더웠다.'부터 '강의 시작 시간이 얼마 남지 않았던 것이다.'까지

T(생각) : 만약 차가 거리 한복판에서 멈췄으면 어땠을까. 그랬다면 특강을 하지 못했을 것이다. 생각만 해도 식겁했다.

이 글에는 News, 즉 예문이 들어가 있지 않다.

위 글에서 본 바와 같이 에세이나 일기를 잘 쓰기 위해서는 기억을 되살려 내용을 복원할 수 있어야 한다. 아래는 박지원의 기행문인 〈열하일기〉다. 이 글 역시 아침에 본 기억의 개요를 글로 요약했다.

새벽에 일어나 세수하고 머리를 빗자니 대단히 싫증이 난다. 하늘에는 달이 떨어져 별들만 총총하여 서로 깜박이는 것 같다. 마을에선 닭들이 번갈아 울어댄다. 몇 리를 못 가서 하얀 새벽안개가 끝없이 펼쳐져 넓은 요동 벌판에 깔리며 수은으로 된 바다처럼 되었다. 의주 상인들이 자기들끼리 뭐라고 지껄이며 지나가는데, 그 소리가 몽롱하여 마치 꿈속에서 기이한 책을 읽는 듯, 대단히 신비하고 환상적이었다.

잠시 뒤에 하늘빛이 서서히 새벽빛을 띠더니 수많은 버드나무 가지에서 가을매미가 일제히 울어댄다. 매미가 전해주지 않아도 이미 한낮은 푹푹 찌는 더위인 줄 알겠다. 안개가 서서히 걷히면서 멀리 마을 사당

앞에 세운 깃발의 장대가 마치 돛대처럼 보인다.

동쪽 하늘을 보니 붉은 구름이 뭉게뭉게 용솟음치며 오르고, 커다란 수레바퀴 같은 새빨간 해가 수수밭 사이로 반쯤 빠져나와 천천히 둥글어지며 요동 벌판에 꽉 찬다. 그러자 들판에 오가는 말과 수레, 조용히 서 있는 나무와 집, 가을 터럭처럼 빽빽이 들어선 숲이 모두 붉은 수레바퀴 안으로 빨려 들어간다.

1780년 조선 왕실은 청나라 건륭 황제의 70회 생일을 축하하는 사절단을 파견했다. 연암 박지원은 이 사절단에 끼어 중국에 다녀왔다. 〈열하일기〉는 그 기행문으로 당시 조선 독서계에 큰 반향을 일으켰다. 새벽 해 뜨는 장면을 묘사한 이 글은 연암의 뛰어난 문장력과 글쟁이로서의 면모를 보여준다.

개요 쓰기를 잘하려면 '줄거리 쓰기' 연습을 많이 해야 한다. 예컨대 소설을 읽은 뒤 서평을 쓰려면 소설의 줄거리를 능수능란하게 쓸 수 있어야 한다. 쉬운 동화나 소설 속 줄거리를 가지고 계속 줄여가는 방식도 필요하다. 만약 서평을 쓸 경우 줄거리를 반드시 넣어야 한다. 줄거리를 쓸 수 있는 능력이 있으면 서평을 금세 쓸 수 있다.

보통 어릴 적에는 엄마가 아이에게 동화를 들려준다. 그러나 거꾸로 해 보는 일도 매우 중요하다. 책을 읽은 후 엄마에게 줄거리를 이야기해 주는 것이다. 엄마는 아이가 하는 이야기를 듣고 교정해 주고 보충해 주면서 어느 정도 완벽하게 이야기하도록 한다. 그런 다음 글로 쓰게 하면 글쓰기 실력을 늘리는 데 효과가 있다.

과제 베껴 쓰기-도마뱀 이야기

일본에서 올림픽이 열릴 때 이야기다. 경기장 신축을 위해 근처 전통 가옥을 헐어야 했다. 인부들은 거실 벽을 뜯다가 깜짝 놀랐다. 매우 큰 도마뱀 한 마리를 본 것이다.

일본집의 벽은 대개 나무로 되어 있어 가운데가 비어 있다. 도마뱀은 사람을 보고도 도망치지 못했다. 알고 보니 도마뱀의 꼬리가 긴 못에 박혀 있었다.

인부들이 주인을 불렀다. 주인 역시 도마뱀을 보고 깜짝 놀랐다. 어떻게 해서 못이 박혔을까? 생각해 보니 집에 못을 박은 건 처음 집을 지을 때인 10년 전이었다. 그 생각이 들자 주인은 더욱 놀랐다.

'그렇다면 10년 동안 못이 박힌 채 있었단 말인가?'

집주인은 대체 그 캄캄한 곳에서 아무것도 먹지 못한 채 어떻게 그 긴 시간을 버텼을지 의아했다. 그런데 잠시 후 그 도마뱀 근처에 다른 도마뱀이 나타났다. 그 도마뱀은 먹이를 물고 있었다. 아마도 부모이거나 남편 혹은 아내가 틀림없었다. 놀랍게도 그 도마뱀이 사랑하는 이를 위해 10년 동안 먹이를 가져다준 것이다.

●●● 요약하기-중요한 정보만 남기기

요약의 정의를 아주 단순하게 내리면 원본에서 '중요한 정보를 추출한 다음, 다시 배열하는 일'이라 할 수 있다.

— 임정섭, 〈글쓰기훈련소〉

'개요 쓰기'에서 말했듯 요약하기는 글쓰기의 기본이면서 핵심이다. 글을 쓰는 일은 필연적으로 요약 행위가 뒤따른다. 특히 논술 시험을 보는 수험생이나 보고서를 써야 하는 직장인에게는 필수 기술이다.

예를 들어 다음과 같은 글을 봤다고 하자. 이것이 무슨 내용인지 보고서를 쓴다면 한 문장으로 압축할 수 있어야 한다.

한 아이가 있었다. 어릴 적부터 장난감 모으기를 좋아했다. 맥도날드 햄버거를 먹으면 받는 장난감 역시 마찬가지였다. 그러기를 4년. 어느덧 장난감은 수천 개로 늘어났다. 집안이 온통 장난감으로 넘쳤다. 결국 장난감을 경매에 부쳤다. 그 결과 큰 부자가 됐다. 영국 소년 루크 이야기다.

참고

➡ 이 글은 '루크라는 소년이 4년간 모은 장난감을 팔아 큰 부자가 됐다'는 내용이다.

요약은 중요한 정보와 덜 중요한 정보를 골라내는 행위다. 동시에 전자를 중심으로 글쓰기를 하는 것이다. 〈글쓰기훈련소〉는 요약 실력을 높이기 위해 절반, 절반의 절반, 절반의 절반의 절반 식으로 줄이라고 한다.

작가나 내용에 대해 어떠한 정보도 없이 책을 만나는 경우는 낯선 음식을 시식하는 기분이다. 보기에는 먹음직스러워도 막상 내 입맛과는 다른 결과로 이어지기도 해서 때로 두려운 음식들. 한국 작가라면 소설은 아니더라도 이름은 익숙한 경우가 많다. 그런데 처음 접하는 외국 작가다. 과연 어떤 맛일까? 나는 작가 남 레의 〈보트〉와 그렇게 만났다.

1/2로 요약

➡ 작가나 내용에 대해 잘 모르는 책은 낯선 음식과 같다. 먹음직스럽

지만 입맛이 맞지 않을까 두려운 음식. 처음 접하는 이 외국 작가는 과연 어떤 '맛'일까? 남 레의 〈보트〉 이야기다.

다른 사례를 보자. 아래 글은 〈번역의 미로〉에 등장하는 글이다. 글쓰기 훈련에 맞도록 일부 수정했다. 언어가 다른 언어로 바뀌는 과정에서 일어난 특수한 결과에 대해 말하는 이 글을 1/2, 1/4, 1/8로 줄여보자.

단어 번역 잘못 하나가 인류역사상 큰 비극을 가져왔다. 일본 히로시마 나가사키 핵폭탄 투하가 바로 그것이다.
1945년 7월 6일. 미국, 영국, 중국 연합국 수뇌들은 포츠담 회의를 갖고 일본에 최후통첩을 보냈다. 무조건 항복 요구였다. 일본 천황은 이 요구를 수락하려고 결심했다. 그러려면 먼저 내각의 지지를 얻어야 했다. 천황은 소련을 통해 선언문 속 '무조건 항복'이란 단어의 삭제를 요구했다. 미국은 단호히 거부했다.
이에 일본은 시간을 끌면서 외교적 노력을 하기로 했다. 이후 일본 스즈키 총리는 "무조건 항복 요구에 대한 답변을 당분간 보류한다."는 성명을 발표했다. 이때 총리는 기자회견에서 '모쿠사츠(묵살)'라는 조금 애매모호한 표현을 썼다.
우리말에서 '묵살'이란 단어는 '깔아뭉갠다'는 뜻으로 사용된다. 그러나 일본어에는 못 들은 척 무시한다는 뜻 외에 '언급이나 논평을 삼간다'는 노코멘트의 뜻도 있다. 어떤 제안을 일부러 보류한다는 식이다.

그런데 일본의 한 통신은 총리 발표문을 영문기사로 작성하면서 이 '묵살한다'는 말을 'no commemt'가 아닌 'ignore'로 번역해버렸다. 일본의 한 라디오 방송 역시 '무시한다'로 보도했다.

미국은 격분했다. 7월 30일 미 언론은 "일본이 최후통첩을 무시하여 미 함대가 공격에 나섰다."고 대서특필했다. 다른 신문 역시 "일본이 공식적으로 연합국의 최후통첩을 거부했다."는 제목을 달아 보도했다.

이후 사흘 뒤 트루먼 미 대통령은 원자폭탄 투하를 허락하는 문서에 서명했다. 마침내 8월 6일 히로시마에 이어 8월 9일 나가사키에 원자폭탄이 투하되었다.

1/2로 요약

➡ 1945년 7월 6일. 연합국 수뇌들은 일본에 '무조건 항복을 하라'는 최후통첩을 보냈다. 일본 천황은 이 요구를 수락하려 했으나 내각의 지지를 얻어야 했다. 천황은 선언문 속 '무조건 항복'이란 단어의 삭제를 요구했다. 미국은 거부했다.

이에 일본은 시간을 끌면서 외교적 노력을 하기로 했다. 당시 일본 총리는 "무조건 항복 요구에 대한 답변을 당분간 보류한다."고 발표했다. 이때 '모쿠사츠(묵살)'라는 애매모호한 표현을 썼다. 일본어에 '모쿠사츠(묵살)'는 못 들은 척 무시한다는 뜻 외에 노코멘트, 즉 어떤 제안을 보류한다는 뜻도 있다. 그런데 일본의 한 통신은 이 말을 'no commemt'가 아닌 'ignore', 즉 '무시한다'로 번역해버렸다.

이에 미국은 격분했고 결국 일본에 원폭이 투하됐다. 잘못된 단어 번역 하나가 참극을 낳은 것이다.

1/4로 요약

➡ 2차대전 종전 당시, 일본은 연합국의 최후통첩 요구에 대해 '모쿠사츠'란 표현으로 대응했다. '모쿠사츠'는 'no commemt' 즉 '언급을 피한다'는 뜻과 'ignore', '묵살한다'의 뜻이 있다. 그런데 일본의 한 통신이 후자로 번역했다. 그로 인해 화가 난 미국이 일본에 원폭 투하를 결정했다.

1/8로 요약

➡ 2차 대전 종전 때 한 통신사가 연합국의 '최후통첩 요구'와 관련, 일본 정부의 발표문을 잘못 번역해 원폭 투하라는 비극을 낳았다.

원본을 절반씩 줄여가다 보면 마지막에 한두 줄이 남는다. 요약은 중요한 정보를 끝까지 가져가는 행위다. 따라서 마지막 남는 문장은 원본의 핵심이다. 이는 다음과 같은 경우와 유사하다.

1. 학교에서 반장을 뽑는다. 출마자가 아무리 많아도 마지막에는 한 명이 뽑힌다. 그 친구는 우리 반을 대표하는 사람이다.

  2. 서점에서 만화책을 8권 골랐다. 그런데 엄마가 4권만 사주겠다고 한다. 어쩔 수 없이 4권을 골랐다. 그랬더니 엄마가 돈이 모자라 2권밖에 못 산다고 말했다. 그래서 어쩔 수 없이 2권을 골랐다. 그런데 엄마는 마지막에 1권밖에 못 산다고 말했다. 결국 1권을 골랐다. 여기에서 마지막 남은 1권은 바로 가장 중요한, 갖고 싶은 책이다.

  3. 나뭇가지가 있다고 하자. 성탄 트리를 만들려면 가지 하나를 뚝 꺾어야 한다. 꺾은 이 부분은 전체 나무의 축소판이다. 그것이 바로 요약이다.

요약해서 남은 한 문장은 반장이나 마지막 남은 한 권의 책처럼 글 전체를 대표할 수 있어야 한다.

●●●한 줄 찾기-원본 핵심만 남겨라

원본을 줄이고 줄여서 남은 한 줄은 글의 핵심(포인트)이다. 이것은 마치 인삼을 삶고 말려 홍삼을 만든 뒤, 그것을 다시 압축시켜 팩에 넣는 행위와 같다. 한 가지 유의할 것은 한 줄이 주제라기보다 사실이라는 점이다. 흔히 요점이나 핵심이라 하면 주제를 생각하기 쉽다. 그러나 여기서는 '있는 사실을 줄인 문장'이다. 아래 사례는 주디스 콜의 〈떡갈나무 바라보기〉를 글쓰기 훈련에 맞도록 재구성한 내용이다.

 진드기는 보지도 듣지도 못한다. 암컷은 본능적으로 나무 위에 오른다. 그리고선 나뭇가지를 찾아 매달려 있다. 목적은 단 하나. 포유동물 위로 떨어지기 위해서다. 모든 동물의 피부 샘에서는 '부티르 산' 냄새가 난다. 그것이 진드기로 하여금 몸을 날리라는 신호다. 진드기는 후각으로 대상자가 가까이 옴을 알 수 있다.
 모든 진드기가 나무 아래를 지나는 동물 위로 떨어지지는 않는다. 실패하면 다시 나무 위로 올라가야 한다. 진드기가 앉아 있는 나뭇가지 아래로 운 좋게 포유동물이 지나가는 일은 드물다. 진드기는 기다린다. 오랫동안 먹이를 먹지 않고 살 수 있어야 한다.
 그 시간은 우리의 상상을 초월한다. 한 동물 연구소에서는 18년 동안 굶주린 진드기가 아직도 살고 있다. 자그마치 18년. 인간으로서는 도저히 참아낼 수 없는 시간이다. 그 오랜 세월 동안 전혀 변하지 않는 세상을 견디는 능력은 가능성의 영역을 초월한다.
 진드기의 세계에서, 시간은 여러 시간 동안 멈춰 있다기보다 한 번에 수년 동안 정지해 있는 것이다. 진드기는 기다리는 동안 수면에 가까운 상태일 것으로 추측한다. 부티르 산 징후가 암컷을 깨울 때 비로소 시간은 다시 흐르기 시작한다.

한 줄 찾기

➡ 먹이를 얻기 위해 18년 동안 굶주린 채 나뭇가지에 매달려 있는 진드기가 있다.

또 다른 예문이다. 이 글을 읽고 한 문장으로 요약해 보라.

미국 플로리다에 제임스라는 농부가 살았다. 원래 그가 정착한 땅은 척박해서 농작물을 심을 수도 가축을 키울 수도 없었다. 잡초가 무성하고 방울뱀만 가득했다. 농장을 일구기 위해 갖은 고생을 하던 농부는 어느 날 기막힌 아이디어를 떠올렸다. 방울뱀 통조림을 만들어 팔면 어떨까 하는 것이었다.

방울뱀을 이용한 이 사업은 대 히트를 쳤다. 뱀 고기 통조림은 미식가들의 입맛을 사로잡았다. 나아가 농부는 방울뱀에서 추출한 독을 항독용 혈청으로 제약회사에 팔았다. 뱀가죽은 구두와 핸드백 재료로 제공했다. 방울뱀 농장을 보러오는 관광객만 1년에 수만 명에 달했다. 방울뱀 사업은 나날이 확장되었고 농부는 큰 부자가 되었다.

한 줄 찾기

➔ 한 농부가 척박한 땅에 널려 있던 방울뱀을 활용해 통조림 제조 등 사업을 벌여 큰 부자가 되었다.

N+T_뉴스와 소감 쓰기

●●● 사실과 생각을 구분하여 쓰라

"항상 놀라게 되는 것은 이순신 장군이 언제 어떤 경우에나 사실에 입각해서 글을 쓰고 행동을 했다는 것이다."

-김훈

우리는 늘 생각 쓰기의 문제에 부딪힌다. 생각을 논리적으로 혹은 멋진 수사법을 써서 잘 표현하면 글을 아주 잘 쓴다는 말을 듣는다. 글쓰기 실력은 이 '생각 쓰기'에서 좌우된다고 해도 과언이 아니다. 생각에는 여러 가지 종류가 있다. 뭔가를 보고 느낀 점, 즉 소감 쓰기가 있을 수 있다. 또한 특정 사안이나 상황에 대한 희로애락 혹은 갑자기 떠오르는 단상이나 누군가에게 제안을 하기 위한 발상도 있다.

우선 '소감 쓰기'에 대한 연습 방법을 익히는 데 초점을 맞춰 보자. 소감은 무언가에 대한 느낌임으로, 대상(글감)이 존재한다. 소감 쓰기는 크게 대상과 그에 대한 느낌으로 구성된다.

글감 : 아이리버라는 이어폰의 광고다. 스피커 부분에서 물이 쏟아진다. 꼬마 샤워기다.

소감 : 신기하다. 샤워를 하면 시원함을 느낀다. 아마도 이 광고는 이어폰이 음악을 통해 귓속을 시원하게 해 준다는 뜻을 담고 있는 듯하다.

자, 여기서 다시 '포인트라이팅'의 요소를 상기해 보자. N은 'News'의 약자이며 말 그대로 화젯거리를 말한다. 일종의 재미있는 사례다.

N=News(뉴스)
T=Thought(소감)

글쓰기를 잘하기 위해서는 어디선가 흥미로운 뉴스거리를 가져다 놓고 그에 대한 생각을 표현하는 연습을 많이 해야 한다.
다음은 법정 스님의 글이다. 글쓰기 훈련에 맞게 예문을 쓰고, 그에 대해 사실을 기술한 다음 생각을 표현해 보았다.

1. 남미에 간 유럽 백인들이 하루는 인디언이 일하는 모습을 봤다. 원주민은 보잘것없는 도구로 나무를 자르고 있었다. 이 모습을 본 백인들이 도끼 하나를 보내줬다. 해가 바뀐 후 백인들은 원주민들이 그 도끼를 어떻게 쓰고 있나 궁금했다. 마을에 도착하자 원주민들은 얼굴 가득 미소를 지으며 방문을 환영했다. 마을 추장은 다음과 같이 말했다.
"이 고마움을 어떻게 다 표현해야 할지 모르겠습니다. 당신들이 도끼를 보내준 다음부터 우리는 더 많은 휴식을 누릴 수 있었습니다."
2. 백인들은 자기네처럼 원주민들이 더 많이 갖기 위해 더 많은 일을

했으리라 생각했다. 그러나 원주민들은 빨리 일을 끝낸 후 자유로운 시간을 더 많이 갖게 된 사실에 크게 만족하고 있었다.

  3. 그들은 그날그날의 삶을 즐길 줄 알았다. 세상을 살아가는 데 무엇이 필요한지를 잘 알고 있었다. 필요 이상의 것을 원치 않았다. 모자랄까 봐 미리 준비해 쌓아 두는 그 마음이 곧 결핍 아니겠는가.

  1. 예문
  2. 사실(사실의 설명)
  3. 소감

  백인들은 원주민들에게 일의 효율성을 높이라는 뜻으로 도끼를 주었다. 그런데 원주민은 일보다 휴식 시간을 위해 도끼를 활용했다. 우리는 이 글을 통해 생각의 차이가 종족마다, 혹은 사람마다 다르다는 사실을 깨닫는다. 법정 스님은 이를 '욕망이 결핍'이라는 성찰의 문장으로 매듭지었다.

  어느 노부부가 있었다. 이들은 함께 몇십 년간을 생활했지만, 남편은 부인에게 한 번도 꽃을 선물한 적이 없었다. 그보다 더한 것은 한 번도 아내에게 감사의 정을 표현한 적도 없다는 것이다. 이 때문에 아내는 대단히 상심했다. 어느 날 저녁, 아내는 남편에게 물었다.

"여보, 내가 줄곧 생각한 것이 있어요. 만약 내가 어느 날 이 세상과 마지막 작별을 하게 된다면, 당신은 돈을 들여 꽃을 산 다음 나에게 애도를 표시할 수 있어요?"

"당연하지. 당신 왜 그런 걸 묻는 거야?"

아내는 다음과 같이 말했다.

"그냥 한번 생각해 본 거예요. 사실 그때가 돼서 당신이 스무 송이의 꽃을 선물하는 것은 나에게 아무런 의미가 없잖아요. 나는 이미 죽고 없으니까요. 그렇지만 지금 나는 이렇게 살아 있는데 가끔은 꽃 한 송이가 나에게는 더 없이 중요한 의미가 있어요."

남편은 즉시 그 안에 담긴 뜻을 확실히 깨달았다.

사실 : 여자는 한 번도 꽃을 선물 받지 못했다. 그로 인해 남편으로부터 상처를 입었나. 여자는 남편의 잘못된 행동을 깨우치기 위해 질문을 던졌다. 남편은 아내의 말뜻을 깨달았다.

소감 : 사랑은 마음만으로 안 된다. 늘 표현해야 한다. 죽고 나서 후회하면 소용없다. 이 이야기는 사랑은 행동으로 표현해야 하고, 있을 때 잘해야 한다는 교훈을 준다.

신생아는 엄마의 땀샘과 젖꼭지에서 분비되는 냄새를 통해 엄마를 분간할 수 있다. 이런 능력은 신생아로 하여금 주요한 영양 공급원, 즉 엄마의 모유를 찾아내는 데 도움을 준다.

  생후 3일 된 신생아를 눕혀놓고 그로부터 20센티미터쯤 떨어진 곳에 엄마의 젖꼭지에 붙여두었던 패드를 놓아둔다면 어떻게 될까. 아기는 자연스럽게 그 패드를 향해 몸을 움직인다. 거의 모든 신생아들이 2분 이내에 그 패드에 가 닿는다. 태어난 지 3일밖에 안 된 아기치고는 놀라운 능력이다.

-로렌스 D. 로젠블룸, 〈오감 프레임〉

  사실 : 갓 태어난 아기는 냄새를 통해 엄마를 찾을 수 있다. 엄마의 젖꼭지에 붙여놓은 패드를 곁에 두면 아기는 금세 그것을 향해 이동한다.

  소감 : 신기하다. 말 그대로 놀라운 능력이다. 배우지 않아도 알게 되는 자연의 신비가 놀랍기만 하다.

  떨어지는 꽃잎
나뭇가지로 돌아가네
아! 나비로구나

-아라키다 모리타케, 하이쿠

  일본 시인 아라키다 모리타케의 하이쿠다. 하이쿠에서 꽃은 벚꽃을 상징한다. 이 시는 봄날 꽃이 지는 순간의 단상을 담았다.

사실 : 벚꽃이 눈처럼 흩날린다. 무수한 낙화. 지상을 향해 속절없이 떨어지던 꽃잎 하나가 갑자기 펄럭이며 하늘로 날아오른다. 알고 보니 나비다.

소감 : 기발하다. 벚꽃 잎 속에서 홀연히 '대열'을 이탈해 하늘 위로 날아가는 나비의 모습이 눈에 선하다.

●●●생각을 쓰고 근거를 밝혀라

"나는 생각이 없어요. 도무지 생각이 안 나요. 아무 생각이 없는데 어떻게 글을 써요."

아이들에게 글을 읽고 생각을 쓰게 하면 짓궂은 아이들은 이렇게 말한다. 생각이 없으니 글을 쓰지 못하겠다. 맞는 말이지 않은가. 이럴 땐 어떻게 해야 할까. 언제까지 생각의 샘에 물이 고이길 기다려야 할까.

사실 글쓰기가 생각의 샘에서 나오는 것은 맞다. 그러나 방법을 통해 글쓰기를 하도록 할 수 있다. 우리는 소감을 어떻게 해야 하는지에 대한 구체적인 방법을 모른다. 이번에는 다음처럼 해 보자. 먼저 글을 읽고 난 후 처음 든 생각을 쓰고 그다음에 그에 대한 근거를 대는 방식이다. 가장 쉬운 예로 동화 〈토끼와 거북이〉

에 대해 소감을 써보자.

　생각 : 토끼는 어리석다.
　근거 : 경주를 했으면 끝까지 최선을 다해 달려야 했다. 그런데 거북이가 늦게 달린다고 자만에 빠졌다.

　이번에는 셰익스피어의 〈로미오와 줄리엣〉을 읽고 소감을 쓴다고 하자. 대부분의 소감은 "슬프다."일 것이다. 바로 그 "슬프다."는 문장 하나가 소감의 첫 문장이다. 이어 생각의 근거를 밝히면 된다. 즉, 왜 슬픈지를 곱씹어보는 것이다. 아마 다음과 같을 것이다. '두 사람이 앙숙 집안이 아니었다면 행복하게 살았을 것이다. 그렇지 못해 비극으로 끝난 것이 슬프다.'
　생각은 자유로우니 다음과 같은 소감이 있을 수도 있다. 이를테면 '어쩔 수 없는 결말이다.'라고 생각했다고 하자. 그 이유가 '양가 부모의 허락 없이 결혼을 하려 한 두 사람이기에 비극적인 결말은 당연하다.'라는 것이라면 그 문장을 덧붙이면 된다.

　생각 : 슬프다.
　근거 : 두 사람이 앙숙 집안이 아니었다면 행복하게 살았을 것이다. 그렇지 못해 끝내 비극으로 막을 내렸다.

다음은 서정주의 〈질마재신화〉다. 이 글을 읽고 생각과 근거로 나누어보자.

신랑신부가 첫날밤을 맞이했다. 긴장한 신랑은 갑자기 요의를 느꼈다. 급한 신랑은 서둘러 방을 나섰다. 그때 뒤에서 무언가가 신랑의 옷자락을 잡아당겼다. 신랑은 음탕한 신부의 소행이라 여겼다. 기분이 상한 신랑은 옷이 찢어지건 말건 홱 뿌리치고 나왔다. 이어 뒤도 돌아보지 않고 그 길로 집을 나가 돌아오지 않았다.
그로부터 사오십 년 지났다.
신랑이 우연히 신부네 집 옆을 지나가게 됐다. 문득 옛일이 궁금해져 당시 초례 방을 열어 보았다. 그런데 놀랍게도 신부는 귀밑머리만 풀린 채, 첫날밤 모습 그대로 초록 저고리 다홍치마를 입고 다소곳이 앉아 있었다. 신랑은 안쓰러운 생각이 들어 신부 어깨를 어루만졌다. 그때서야 신부는 매운 재가 되어 폭삭 내려앉아 버렸다. 초록 재와 다홍 재로.
그날 밤, 신랑을 붙잡은 건 신부가 아니었다. 실은 옷이 방문 돌쩌귀에 걸린 것이었다.

생각 : 신랑은 나쁜 사람이다.
근거 : 신랑은 신부를 음탕한 여자라고 생각했다. 알고 보니 근거 없는 오해였다. 설령 신부가 신랑의 옷자락을 잡아당겼다 해도 그것을 빌

미로 집을 나간 것은 있을 수 없는 일이다.

 목마른 여우가 우물 하나를 발견했다. 급한 김에 우물 속으로 뛰어들었다. 목을 축이고 나니 난감했다. 우물 밖으로 빠져나갈 수 없었던 것이다. 그때 염소 한 마리가 나타났다. 그 역시 목이 말라 물을 찾던 중이다.
 여우는 '살았다' 싶었다. 여우는 물을 맛있게 들이켜고 염소를 내려오도록 꼬드겼다. 염소는 약간 망설이다 우물 속으로 뛰어들었다. 정신없이 물을 마신 후에야 상황을 깨달았다. 여우가 아이디어를 냈다. 염소가 도와주면 자신이 먼저 올라간 뒤 끌어올리겠다는 것이었다.
 염소는 달리 방법이 없다는 사실을 알았다. 여우는 염소의 발과 어깨와 뿔을 딛고 올라가 우물 밖으로 나갔다. 하지만 여우는 약속을 지키지 않았다. 제 몸보다 무거운 염소를 끌어올릴 방법이 없었던 것이다. 여우가 가려 하자 염소가 황급히 불렀다. 여우는 이렇게 말했다.
 "애초에 올라오는 방법을 궁리한 다음에 내려왔어야지. 좀 기다려 보게. 이미 방법은 내가 알려주지 않았나."

 생각 : 염소는 어리석다.
 근거 : 여우의 달콤한 말에 속아 넘어갔다. 여우의 말대로 나갈 방법을 찾지 않고 무모하게 우물에 뛰어들었다.

●●● 교훈을 찾고 의미를 부여하자

 소감 쓰기는 교훈이나 의미를 찾아보는 행위로 더욱 빛난다. 특정 내용은 과연 우리에게 무슨 의미를 던져주는지, 어떤 교훈을 주는지를 쓰면 글이 살아난다. 이 부분이 가장 어려운 단계다. 이는 훈련을 많이 하지 않으면 쉽게 나오지 않는다. 그러나 이를 해결하기만 하면 매우 글을 잘 쓰는 수준으로 도약한다.
 '교훈' 하면 흔히 권선징악이나 고진감래와 같은 사자성어를 떠올린다. 〈신데렐라〉나 〈흥부전〉이 그런 경우다. 이 이야기들은 착한 사람은 복을 받고 악한 사람은 벌을 받는다는 교훈을 준다. 그렇다면 〈나무꾼과 선녀〉의 교훈은 무엇일까?

 옛날에 마음씨 착한 나무꾼이 살았다. 하루는 산에서 나무를 하다 사냥꾼에게 쫓기는 사슴을 숨겨 주었다. 사슴은 사냥꾼에게 선녀들이 목욕하러 내려오는 연못을 알려 주었다. 목숨을 구해 준 은혜에 대한 보답이었다. 이어 사슴은 선녀의 날개옷을 감추라고 말했다. 그렇게 하면 그 선녀를 아내로 얻을 수 있다는 것. 또한 사슴은 아이 셋을 낳을 때까지 절대로 날개옷 이야기를 하지 말라고 덧붙였다. 나무꾼은 사슴이 시킨 대로 하여 선녀와 결혼했다.
 이후 두 사람은 아이 둘을 낳고 행복하게 살았다. 그런데 어느 날 나무꾼은 사슴의 말을 잊고 숨겨둔 날개옷을 보여줬다. 한순간의 방심이었다. 선녀는 날개옷을 입은 뒤 양팔에 아이들을 안은 채 하늘로 올라가 버렸다. 졸지에 아내와 자식을 잃은 나무꾼은 넋이 빠졌다.

원본의 버전에 따라 여러 가지 교훈이 나올 수 있다. 이 이야기만으로 따진다면, 나무꾼의 실패에는 방심이 자리 잡고 있다. 따라서 '한순간의 방심이 때론 엄청난 손실을 가져올 수 있다는 교훈을 준다.'라고 마무리하면 된다. 다음 글을 보자.

사랑이 때로는 증오만큼이나 위험할 수 있다. 유럽과 북미의 국립공원을 찾는 사람들은 아기 사슴을 자주 만나게 된다. 어미가 멀리 있지 않음에도, 그 아기 사슴은 외롭고 쓸쓸해 보이기가 십상이다. 산보하는 사람들은 측은한 마음도 들고, 커다란 플러시 천 인형처럼 마냥 순하게만 보이는 동물에 가까이 다가서는 것이 기쁘기도 해서, 그 아기 사슴을 쓰다듬어주고 싶어한다. 그 손짓에는 공격적인 의도가 전혀 없고, 사람이 다정하게 쓰다듬어주면 아기 사슴은 더욱 온순한 모습을 보이기까지 한다.
그런데, 그렇게 만지는 행위가 아기 사슴에게는 치명적인 행위가 된다. 그 까닭은 무엇인가? 처음 몇 주 동안 어미 사슴은 오로지 냄새를 통해서만 자기 새끼를 알아본다. 그 손길이 아무리 다정스러웠다 해도 일단 사람의 손길이 닿고 나면 새끼 사슴의 몸에 사람 냄새가 배어든다.
 미약하지만 오염성이 강한 그 냄새는 새끼 사슴의 후각적인 신분증명서를 쓸모없게 만들어 버린다. 아기 사슴은 가족을 다시 만나자마자 버림받는 신세가 된다. 어떤 암사슴도 다시는 그를 받아 주지 않기 때문에 아기 사슴은 굶어 죽는 형벌에 처해진 거나 다름이 없다. 죽음을 불러오는 그런 애무를 일컬어 '밤비 신드롬' 또는 '월트 디즈니 신드롬'이라고 한다.

-베르나르 베르베르, 〈베르나르 베르베르의 상상력 사전〉

 이 글에 대해 교훈 찾기를 해 보면 다음과 같다.

 '밤비 신드롬'은 값싸고 섣부른 동정이나 애정이 때로는 독이 될 수 있다는 교훈을 준다.

 이런 식으로 글감에 대해 교훈을 찾는 일은 글쓰기에서 매우 중요하다. 교훈을 찾다 보면 생각을 하게 되고, 사고의 힘이 세진다. 의미 부여도 마찬가지다. 무언가에 의미를 부여하면 가치가 달라진다. 이런 일은 흔히 볼 수 있다. 사실 세상 일이 다 그렇다.
 다산 정약용은 복사뼈에 구멍이 날 정도로 학문을 닦았다. 다산에게는 열혈제자 황상이 있었다. 황상은 다산이 가장 아끼던 단한 사람의 제자였다. 정민의 〈삶을 바꾼 만남〉에 따르면 황상은 스승을 본받아 죽을 때까지 학문을 게을리 하지 않았으며 나이 일흔여섯에도 1천 수의 시를 베껴 썼다.

"내 스승인 다산께서는 날마다 저술에 몰두하시느라, 바닥에 닿은 복사뼈에 세 번이나 구멍이 났지. 열다섯 살 난 내게 '부지런하고 부지런하고 부지런하라.'는 삼근의 가르침을 내리시면서 늘 이렇게 말씀하시곤 했네.

'나도 부지런히 노력해서 이를 얻었느니라. 너도 이렇게 하거라.'

그 가르침이 60년이 지난 오늘까지도 어제 일처럼 눈에 또렷하고 귓가에 쟁쟁하다네. 관 뚜껑을 덮기 전에야 어찌 이 지성스럽고 뼈에 사무치는 가르침을 저버릴 수 있겠는가?"

이 글을 읽고 소감을 쓴다면 어떻게 해야 할까? 소감 포인트의 하나는 뼈에 구멍이 날 정도로 한 각고의 노력이다. 또 하나는 모범을 보여준 스승과 그 모습을 따라 한 제자의 지고지순한 관계다. 이를 가지고 다음과 같은 소감을 쓸 수 있겠다.

참 아름다운 스승과 제자 관계다. 이루고자 하는 일에는 고단함도 감수해야 하고 한 곳을 바라보는 근성이 필요하다는 걸 느낀다. 조바심을 갖지 않고 꾸준히 가야겠다. 이 글은 '살면서 누구를 만나느냐에 따라 삶이 바람직하게 바뀔 수 있다'는 사실을 보여준다.

여기 다음과 같은 지문이 주어지고 독자의 소감을 쓰라는 문제가 있다고 하자. 난이도가 있는 논제다.

"미래를 알 수 있는 여자가 있습니다."
알렉산드로스 대제는 이 말에 솔깃했다. 당장 그녀를 불러오라고 명령했다. 그녀는 왕을 만나 다음과 같이 말했다.
"노란 은행잎에 불을 붙여 태우세요. 그런 다음 거기서 피어나는 연기를 잘 살펴보면, 미래가 보입니다."
그녀는 한 가지 주의사항을 일러줬다. 연기를 들여다보고 있는 동안 절대로 악어의 왼쪽 눈을 생각해서는 안 된다는 것이다.
"악어의 오른쪽 눈은 상관없습니다. 하지만 왼쪽 눈은 안 됩니다."
알렉산드로스 대제는 미래를 보는 일을 포기했다.
―움베르토 에코, 〈책의 우주〉

이 글에 대해 생각을 표현하는 일은 쉽지 않다. 내용을 이해하더라도 쓰려면 막막해진다. 그러나 우리는 반드시 일정 분량의 소감을 써내야 한다. 다음처럼.

사람은 무언가를 생각하지 말라고 강요받는 순간, 오히려 그 생각에 더 집중한다. 금지가 곧 의무처럼 된다. 악어의 왼쪽 눈을 생각하지 않는 경우는 불가능하다. 짐승의 눈이 이미 기억과 정신을 사로잡아 버렸기 때문이다. 이 글은 어떤 일을 금하는 행위가 얼마나 무서운 일인지 보여준다.

●●●비판적 시각으로 바라보라

소감 쓰기는 특정 사안에 대한 필자의 생각을 쓰는 일이다. 책 읽기와 사색을 통해 단순한 생각을 넘어 남다른 지혜를 갖도록 해야 한다. 지혜의 중요성은 강조하는 일은 새삼스러운 일이다. 다음 글을 보자.

중세 유럽에서는 유태인이 영주에게 이러저러니 트집을 잡혀 처형되는 일이 많았다. 어느 날 억울하게 붙잡혀온 유태인에게 재판관인 영주가 말했다.
"너의 유대 하나님은 정말 위대하다고 하지 않느냐? 여기 봉투가 두 개 있다. 한 쪽에는 '무죄 방면', 다른 쪽에는 '사형'이라 적혀 있다. 자, 너의 하나님이 기적을 일으켜줄 것이다. 한 쪽을 선택해 내게 보여라.

나는 거기에 적혀 있는 대로 따르리라."

-이시즈마 간지, 〈유태인들만 알고 있는 부의 법칙〉

　궁지에 몰린 그 유태인은 필사적으로 생각했다. 영주의 의중을 파악해내야만 목숨을 구할 수 있었다. 그는 결국 영주가 양쪽 다 사형이라 적었을 게 틀림없다는 결론에 도달했다. 영주의 계략을 간파한 것이다. 그런 후 유태인은 대응책을 떠올리기에 골몰했고, 섬광처럼 아이디어를 떠올렸다. 그는 한쪽 봉투의 종이를 꺼내 재빨리 입속에 넣고 꿀꺽 삼켜버렸다. 그런 후 영주에게 이렇게 말했다.

　"제가 선택한 봉투는 여기 남아 있는 봉투에 적힌 내용과 반대되는 것입니다. 이 봉투 안에 종이에 적혀 있는 글자를 소리 내어 읽어주십시오."

　생각이 그 유태인의 목숨을 살렸다. 우리는 선입견이나 고정관념에 갇혀 쉽게 생각하고 쉽게 판단하는 경우가 많다. 글쓰기에서는 이 점을 몹시 경계해야 한다. 다음은 닉 태슬러의 〈스프링〉의 일부로 글쓰기 훈련에 맞춰 수정한 내용이다. 다음과 같은 경우 당신은 무엇을 선택할 것인가.

　인간은 대부분 합리적인 선택을 한다. 그러나 그렇지 않은 경우가 종종 있다. 자, 실험을 해 보자. 여기 두 가지 매력적인 제안이 있다. 당신은 둘 중 하나를 택할 수 있다.

첫 번째 안을 택하면 잉글랜드와 프랑스, 이탈리아를 일주하는 20일 유럽 여행 기회를 갖게 된다. 단 조건이 하나 있다. 동전을 던져 앞면이 나오면 당첨, 뒷면이 나오면 탈락이다. 두 번째 안은 동전 던지기를 할 필요도 없다. 무조건 이탈리아 여행을 일주일간 공짜로 할 수 있다. 확률 50%의 20일짜리 유럽 여행권과 선택하기만 하면 주어지는 일주일짜리 이탈리아 여행권. 당신은 둘 중 어떤 쪽을 택하겠는가?

냉정하게 생각하면 공짜 여행이 현명하다. 그러나 적잖은 이들이 '밑져야 본전이지' 하며 확률이 절반인 유럽 여행 쪽을 택한다. 이런 상황을 극복하기 위해서는 현명한 시각이 필요하다. 다음 예문을 보자.

한 남자가 물지게를 지고 걷고 있었다. 오른쪽 항아리엔 물이 가득 차 있었다. 반면 왼쪽 항아리는 금이 가서 늘 물이 샜다. 그래도 남자는 새 항아리를 사지 않았다. 보다 못한 마을 사람이 남자에게 충고했다.

"물이 새는 왼쪽 항아리를 바꾸는 게 좋지 않소?"

그러자 남자가 웃으며 다음과 같이 대답했다.

"저기 제가 물지게를 지고 다녀온 길을 보십시오."

사람들은 처음엔 차이를 알 수 없었다. 그런데 자세히 보자 달랐다. 길 왼쪽엔 꽃과 풀이 자라고 있었다. 반면에 반대쪽은 땅이 메말라 돌과 흙뿐이었다. 남자의 깊은 뜻을 몰랐던 마을 사람들은 고개를 끄덕였다.
-김수연, 〈내 생애 단 한 번의 약속〉

이 이야기에 대해 소감을 쓴다면 어떻게 될까? 대부분의 독자는 물지게를 진 남자의 속 깊은 마음에 대한 호감을 나타낸다. 그들에게 남자는 따뜻하고 지혜로운 사람이다. 다음은 카페 글쓰기 훈련소 회원들의 소감이다.

사람들은 어떤 현상을 보면 단순하게 자기의 기준과 고정관념으로 생각한다. 눈에 보이는 것이 전부인 양 착각하는 것이다. '우물 안 개구리'가 되지 않으려면 깊이 있게 관찰하고 신중하게 판단하는 안목을 길러야 한다. -우아한 세계

꽃과 풀을 소중히 여길 줄 아는 남자의 마음이 따뜻하다. 우리도 내 앞만 보며 걸어가지 말고 주위를 둘러보며 따뜻한 마음으로 함께 갈 수 있는 여유가 있어야겠다. -촉촉카라멜

남자의 행동이 의미가 있는 건 자신이 손해보고 있는 줄 알면서도 금 간 항아리를 그대로 지고 다녔기 때문이다. -재미

그런데 사안을 곰곰이 따져보면 보면 달라진다. 특히 뒤집어 보면 전혀 다른 일이 벌어진다. 이런 소감은 어떤가.

남자는 지혜롭지 않다. 만약 지혜롭다면 물지게 항아리를 서로 바꾸지 않았을까? 하루씩 번갈아 했다면 양쪽 길의 풀과 꽃을 살렸을 텐데 말이다.

이처럼 남과 다른 글쓰기를 위해서는 비판적인 시각에서 바라보는 일이 중요하다. 천편일률적인 내용보다 독창적인 글이 더 좋은 '점수'를 따기 때문이다.

6 포인트(POINT)로 '30분 만에 서평 쓰기'

　서평은 책을 정확히 읽는 일에서 출발한다. 책의 핵심을 파악해야 제대로 된 서평을 쓴다. 동시에 책을 읽을 때 인상적인 대목에 밑줄을 긋거나 포스트잇으로 표시를 해둬야 한다. 그것이 바로 우리가 쓸 글의 재료기 때문이다. 여기에는 표지부터 서문, 문체, 그림, 저자의 주장이 다 포함된다.

●●● '포인트(POINT)라이팅'을 따라가며 쓰기

서평 쓰기 역시 '포인트라이팅'을 활용하면 쉽게 해결된다. 일단 책 읽기를 마친 뒤 생각해 본다. '포인트를 무엇으로 잡을까'에서 더 나가 '어떤 요리를 할까'를 구상한다. 다음은 아웃라인 짜기 즉, 윤곽을 설계한다. 그런 다음 책 정보와 줄거리, 뉴스를 넣고 의견을 넣어서 끓이면 서평 요리가 완성된다. 앞에서 나온 '포인트(POINT)라이팅'이다. 즉, P는 포인트를 파악한다, O는 아웃라인을 잡는다, I는 인포메이션, 즉 책 정보를 넣는다, N은 뉴스, 즉 새로운 사실을 넣는다, T는 생각으로, 의견과 느낌을 넣는 것이다. 순서는 바뀌어도 상관없다.

서평 쓰기는 책을 글감 삼아 글을 쓰는 행위다. 그렇다면 글쓰기 대상은 책인데, 책 자체를 가져올 수는 없으므로 줄거리(개요)를 가져와야 한다.

●●● 홍세화의 〈생각의 좌표〉 실전 서평

다음은 홍세화가 쓴 〈생각의 좌표〉에 대한 서평이다.

P : 콜럼버스의 달걀은 기발한 아이디어가 아니라 폭력의 상징이다.

I : 홍세화가 쓴 〈생각의 좌표〉는 '생각은 어떻게 내 생각이 되었나?'라는 질문을 통해 자기 성찰과 사회 비판을 강조한 에세이집이다.

O : 이 책은 다음과 같이 말한다. 첫째, 삶의 주인이 되기 위해서는 생각의 주인이 되어야 한다. 둘째, 더 인간적인 사회가 아니라 덜 비인간적인 사회를 위해 쉼 없이 싸워야 한다. 셋째… 이 책에는 콜럼버스의 달걀에 대한 흥미로운 이야기가 등장한다.

N : 콜럼버스가 달걀을 세울 수 있다며 탁자 위에 달걀을 깨뜨려 세운 일화를 두고 어떤 사람들은 '발상의 전환'이라고 추켜세워 말하기도 했다. 그것은 다만 자연의 섭리에 맞선 인위적인 폭력이었다. 그 폭력적인 발상과 행위, 그것으로 피식민지 사람들에 대한 착취와 억압이 시작되었다. -〈생각의 좌표〉 중

I (콜럼버스 날살에 대한 생각) : 우리는 그동안 콜럼버스 날살을 '기발한 생각'으로 여겨왔다. 그러나 홍세화의 시각으로 보면 질서를 무너뜨리는 '파괴적인 생각'이다. 콜럼버스의 달걀을 어떻게 볼 것이냐는 매우 중요하다. 왜냐하면 그 달걀이 콜럼버스의 양심과 행위를 상징할 수도 있기 때문이다. 달걀에 대한 새로운 정의를 내림으로써 우리는 기발한 생각으로 포장한 착취와 억압의 진실을 알게 됐다.

T (책에 대한 생각) : 이 책을 읽고 나는 우리 사회의 문제점과 성찰의 중요성을 새삼 깨달았다.

홍세화의 〈생각의 좌표〉에 대한 서평을 '포인트라이팅'에 맞춰 분석해 보았다. 네이버 카페 글쓰기훈련소 657번 글인 〈광고천재 이제석〉 서평 쓰기를 참고하면 도움이 될 것이다.

글쓰기 멘토들의 조언

✽ 반복하다 보면 문리를 터득해

처음부터 글쓰기를 좋아하는 사람은 없다. 처음부터 잘 쓰는 사람은 더욱 드물다. 무슨 일이든지 처음 시작할 때는 약간의 고통이 따른다. 게다가 두려움과 부끄러움도 함께한다. 하지만 대문호의 글, 나 같은 저술가의 글 따위와 자신의 소중한 기록을 같은 반열에 놓고 비교하지 마라. 누가 뭐라 해도 자기 자신이 썼기에, 누가 뭐라 해도 내 인생의 기록이기에 소중하고 아름다운 글이다. 그렇게 애정 어린 마음으로 꾸준히 써보라. 수백, 수천 장의 원고지를 채워보라. 모든 일이 그렇듯 글쓰기도 반복하다 보면 어느 순간 문리를 터득한다.

―공병호

✽ 누구나 엉덩이로 글을 쓴다

글쓰기는 금욕주의적인 생활을 요구한다. 하루에 네 페이지씩 글을 쓰려면 나는 하루에 꼬박 열다섯 시간을 책상 앞에 앉아 있어야 했다. 창작의 마술이나 나만의 비밀, 창작 비법 같은 건 존재하지 않는다. 그저 세상과 접촉을 단절한 채 커피를 충분히 비축해 놓고 클래식 음악이나 재즈 음악이 흘러나오는 헤드폰을 귀에 꽂고, 의자에 엉덩이를 붙이고 앉아 있는 방법밖에 없다.

―기욤 뮈소

5장

수사법,
어떻게 쓸 것인가?

우리는 어떤 글에 반할까? 재미있는 글, 호기심 이는 글, 단숨에 빨려드는 문장, 고도의 논리적인 주장 혹은 공감 백배의 글. 여기에 해학과 풍자, 반전의 미학까지 다양한 종류가 있다. 여기서 빼놓을 수 없는 것이 맛깔스러운 표현법이다.

사람과 사람이 만나 받침의 모서리가 닳으면 그것이 사랑일 것이다. 사각이 원이 되는 기적이다. 서정시가 세상과 연애하는 방식이 또한 그러할 것이다.

— 신형철, 〈느낌의 공동체〉

사랑은 서로에 대한 이해와 포용 속에서 이뤄진다. 이는 곧 네모가 동그라미가 되는 과정이다. 그냥 지나칠 활자 하나에서 본질을 꿰뚫는 사유가 무릎을 치게 만든다. 더 나아가 서정시를 의인화하는 수사를 통해 좀 더 고차원적인 글이 됐다. 수사법을 높이 사는 이유는 보통 사람이 구사하는 언어의 한계를 뛰어넘기 때문이다. 그 몫은 주로 작가의 것이다. 그러나 누구나 수사법을 익히면 좋은 표현을 구사할 수 있다.

••• 당신의 웃음은 분수처럼 흩어지는 물

"메타포!"
"그게 뭐하는 물건인데요?"
"대강 간추려서 설명한다면 한 사물을 다른 사물과 비교해서 말하는 방법이라고 할 수 있지."

영화로도 만들어진 〈파블로 네루다와 우편배달부〉의 한 장면이다. 시인 네루다가 우체부 마리오에게 은유법을 설명하고 있는 중이다. 은유법은 어떤 대상을 설명하거나 특징을 표현하려 할 때 원관념은 숨기고 보조관념을 드러내는 기법이다.

마리오가 은유법을 쓰는 이유를 묻자 시인은 "사물의 이름 속에 그 속성의 단순함이나 복잡함이 담겨 있지 않기 때문"이라고 설명한다. 예를 들면 카메라는 사진을 찍는 기계다. 그런데 카메라는 추억을 담는 기계이기도 하고 나의 현재를 보여주는 장비이기도 하다. 이럴 때 카메라는 추억상자이기도 하고, 거울이기도 하다. 은유의 마법을 이해한 마리오는 첫눈에 반한 베아트리체에게 써먹기로 한다. 사랑의 마법에 빠진 그가 그녀의 마음을 얻기 위해 언어의 마법을 건 것이다. 다음과 같은 말이었다.

"당신의 미소는 나비처럼 얼굴 위로 환하게 퍼져가네요."
"당신의 웃음은 공중을 뚫고 날아가는 창이며, 분수처럼 흩어지는 물이고 갑작스레 몰아닥친 은빛 파도예요."

그 결과 마리오는 사랑을 얻는 데 성공한다. 이런 은유법이 낯간지럽다고 느낄 독자도 없진 않을 것이다. 그러나 은유법을 쓸 줄 아는 이는 그렇지 않은 이보다 연애에 성공할 확률이 매우 높다. 비단 연애뿐이 아니라 다양한 '장르'에서 은유는 마법을 일으키는 강력한 수단이다. 가장 단순한 은유의 기교는 'A=B'라고 규정하는 방식이다. 다음은 우리 카페에서 한 글쓰기 훈련이다.

••• 나는 마법사입니다

 나는 '글쓰기훈련소' 카페 회원들에게 다음과 같은 주문을 했다. "나를 특정 단어로 규정한 뒤 상상력을 발휘해 글을 써 보세요. 예컨대 '나는 마법사다.'라고 외치고 주변에 있는 무엇이든 주문을 걸어보는 겁니다."

 나는 마법사다. 마법을 걸면 무엇이든 순식간에 바뀐다. 신발에 주문을 걸었다. 신발아 꽃을 피워다오. 그 순간 신발에서 무수한 풀이 돋아났다. 이어 풀 속에서 아주 작은 줄기가 나타나 점점 커지기 시작했다. 줄기는 두꺼워지더니 어느새 나무로 변했다. 나무는 두 개, 네 개, 여덟 개…무수한 가지로 뻗어나갔다. 가지마다 수많은 꽃망울이 맺혔다. 곧이어 꽃이 피기 시작했다. 눈 깜짝할 사이, 수많은 꽃잎이 온통 하늘을 가렸다….

 이에 대해 회원들은 나름대로 주문을 걸었다. 회원들은 커피 잔에서부터 꽃, 자신의 영혼까지 주문을 걸고 글을 썼다. 특히 닉네임이 '등잔불'인 회원은 변기에 마법을 건 뒤 다음과 같은 글을 썼다.

밑에서 물고기들이 올라왔다. 파랑, 노랑, 은백색이다. 이어 식물이 가지를 뻗는다. 변기를 넘어 화장실 바닥을 덮는다. 벽을 타고 올라온다. 천장에 가득하다. 뿌리는 타일 틈새를 파고 들어간다. 비누가 풀려서 하나의 풍선이 된다. 물고기들이 그 속으로 들어간다….

••• **베네치아는 물고기다**

베네치아는 물고기다. 천오백 살도 넘은 이 고령의 물고기는 입에서 꼬리지느러미까지 걷는 데 2시간이면 충분하다.
―유성혜, 〈키스 더 베니스〉

'물의 도시' 베네치아는 실제 물고기처럼 생겼다. 하늘에서 내려다보면 물고기를 꼭 닮은 형상이 귀엽게 보인다. 도시의 모습과 역사, 길이를 쉽게 이해할 수 있다. 읽다 보면 지도를 통해 확인하고 싶고, 물고기의 윤곽선을 따라 여행을 하고 싶은 충동을 일게 한다.

••• 책은 도끼다

우리가 읽는 책이 우리 머리를 주먹으로 한 대 쳐서 우리를 잠에서 깨우지 않는다면, 도대체 왜 그 책을 읽는 거지? 책이란 무릇, 우리 안에 있는 꽁꽁 얼어버린 바다를 깨뜨려버리는 도끼가 아니면 안 되는 거야.
―카프카, 〈변신〉

우리의 통념을 깨는 은유다. 책은 고상하고 우아한 '지혜의 보고'와 같은 생각을 여지없이 무너뜨린다. 비장한 각오와 단단한 결기가 느껴지는 비유다. 도끼를 앞세우며 나에게 과연 책은 무엇인지, 낯선 물음을 던진다. 이에 대해 크리에이티브 디렉터 박웅현은 〈책은 도끼다〉에서 다음과 같이 답했다.

내가 읽은 책들은 나의 도끼였다. 나의 얼어붙은 감성을 깨뜨리고 잠자는 세포를 깨우는 도끼. 도끼 자국들은 내 머릿속에 선명한 흔적을 남겼다. 어찌 잊겠는가? 한 줄 한 줄 읽을 때마다 쩌렁쩌렁 울리던, 그 얼음 깨지는 소리를. 시간이 흐르고 보니 얼음이 깨진 곳에 싹이 올라오고 있었다. 그전에는 보이지 않던 것들이 보이고, 느껴지지 않던 것들이 느껴지기 시작했다. 촉수가 예민해진 것이다.

••• 바둑은 삶의 은유다

바둑은 삶의 은유다. 결과는 이기고 지는 일뿐이지만 그 과정은 실로 천태만상이다. 일생 동안 바둑을 두어도 똑같은 수순의 판은 나오지 않으니 우리 인생에 견줄만하다. 대국 내용에 따라 지고도 미소를 머금을 수 있고, 이기고도 개운찮은 경우가 있다.

—김택근

은유를 통해 은유를 구사한 글이다. 은유란 단어를 써서 은유법을 알려주는 흥미로운 사례다. 그럼으로써 글쓰기의 또 다른 매력을 안긴다. 죽음의 반대말인 삶은 종종 바둑과 비교된다. 복잡다기하다는 측면에서 인생과 꼭 닮았다. 즉 바둑은 우리네 인생이다. '바둑은 삶의 은유'라는 글은 '삶은 바둑이다'라는 은유법을 바꾼 표현법이다.

2 비슷한 두 사물을 연결하는 "직유"

직유는 특정의 대상을 눈에 띄게 하기 위해, 흥미롭게 서술하기 위해, 쉽게 다가가도록 하기 위해 다른 대상에 비유하는 수사법이다.

••• 그의 서재는 매일 자라나는 서재

김진애의 서재는 소박한 온실을 닮았다. 책과 책 사이를 간질이며 들어오는 은은한 햇살과 빼곡하게 책장을 메운 손때 묻은 책들, 그리고 곳

5장 수사법, 어떻게 쓸 것인가? 203

곳의 빈자리를 채워주는 화초들의 모습은 마치 어느 시골 마을의 조용한 농가 모습을 떠올리게 한다.

  그의 서재는 조금 색다르다. 대부분의 사람들은 창을 가리지 않는데 창을 등지고 서재를 꾸렸다. 창문을 막아서 서재를 만든 사람은 아마 그녀 말고는 찾기 힘들게다. 그렇게 빛을 등에 업은 책들은 스스로 빛을 발하는 듯 보였다. '나, 여기 있어요.'라고 속삭이는 것처럼.

-한정원, 〈지식인의 서재〉

  서재를 온실에 비유했다. 화려하게 꾸미지 않고 어디서나 흔히 볼 수 있는 여염집처럼 평범하다. 아마도 책장에 책과 함께 놓은 화초가 온실이란 단어를 떠올리게 한 듯하다. 특이한 점은 대담하게 창문을 가로 막아 설치했다는 사실. 이 글에서 돋보이는 점은 창을 막아 빛이 들어오지 않는 상황을 고려해 책이 스스로 빛을 낸다고 한 대목이다. 자연의 빛보다 값진 책의 빛이다.

••• 그녀의 소설은 큰 강을 닮았다

  권여선(45) 씨의 소설은 천천히 흐르는 큰 강을 닮았다. 누군가 만나고 헤어지는 소설 속의 일상적이고 사소한 관계와 사건들은 언뜻 너른

강 표면에 부서지는 사소한 잔물결 같지만, 그 아래 전개되는 인간에 대한 관찰은 큰물의 흐름처럼 웅숭깊다. 그 강에서 독자가 읽는 것은 표면적인 인간관계 아래 도사린 위선과 위악, 섣부른 판단과 오해, 그로 인한 관계의 파국 내지 후유증 등이다.

-조선일보, 2010년 9월 10일자

 소설을 도도한 강으로 비유했다. 강은 표면 위의 잔물결과 깊은 물줄기로 되어 있다. 소설에는 등장인물들의 캐릭터와 그들 사이의 얽힌 관계, 특별한 사건이 있다. 두 개를 합하여 유유히 흐르지만 장대한 소설의 특징을 드러냈다.

과제 다음을 첫 문장으로 하여 글을 써보자.

그의 마음은 바다를 닮았다.

●●● 인생은 스키와 비슷하다

　인생은 스키와 비슷하다. 넘어지지 않으려고 애를 쓰기보다 차라리 넘어져버리는 것이 낫다. 넘어지지 않으려고 버틸수록 엉거주춤할 수밖에 없다. 실패를 두려워한다면 과감하게 새로운 일에 도전할 용기를 가질 수 없다.

　인생에 대한 비유는 수백 가지가 넘는다. 보통 스키의 자리는 자전거가 차지하곤 했다. 삶은 자전거와 같아서 계속 페달을 밟지 않으면 쓰러진다. 인생은 또한 공중그네와 같다. 새로운 삶을 시작하려면 잡고 있던 줄을 놓아야 한다. 모험은 기득권의 포기에서 나온다. 인생은 또한 비행기와 같다. 이왕 출발한 김에 단숨에 일정한 궤도에 진입해야 목표에 좀 더 다가갈 수 있다.

●●● 추억이란 뾰족한 삼각형처럼

　추억이란 것은 마치 모서리가 세 개인 뾰족한 삼각형처럼 생겼을 것 같다. 어떤 기억을 떠올리며 그것은 가슴속에서 빙빙 돌기 때문에 모서리에 찔린 마음이 너무 아프다. 계속 떠올릴수록 그것은 바람개비처럼 더 빠르게 빙글빙글 돌아가게 되고 마음은 점점 더 아파진다. 이런 일이 계속 반복된다면 언젠가 모서리가 다 닳아져서 더 이상 마음이 아프지 않게 될까. 그런 날이 올까.

-조경란, 〈혀〉

  누구에게나 생각하면 가슴이 먹먹해지는 추억과 애잔한 기억이 있다. 추억을 노트에 그린다면 어떤 모습일까? 어떤 이에게는 노란 은행잎이나 낡은 책상이 아니다. 창가에 서성이거나 안절부절 못하게 하는 바늘방석이다. 시간은 아픔에 풍화작용을 일으키고, 어느 순간 아무 감정 없이 기억할 수 있게 한다. 그때 비로소 추억은 그 존재가치를 잃어버린다.

의인법은 사람이 아닌 특정 대상을 사람인 듯 표현하는 방법으로 그 대상에는 무생물이나 동물-식물, 추상적인 개념이 포함된다.

••• 명사와 동사가 싸웠다

어느 날 명사들이 거리에 모였다. 그때 형용사가 치명적인 아름다움을 흩날리며 지나갔다. 명사들은 단숨에 형용사에 사로잡혔다. 다음 날, 어디선가 동사가 나타났다. 동사는 명사에게 손과 발, 날개가 되어 줬다. 동사로 인해 명사는 뛰고 달리고 훨훨 날 수 있었다. 그러나 뭔가 어색했다. 마치 음식을 먹을 때 숟가락이 없는 것처럼. 명사가 완전한 문장이 되기 위해서는 꼭 필요한 녀석이 있었다. 이 녀석은 누구일까.

-케네스 코크

품사를 의인화하니 꽤 재미있는 문장이 완성됐다. 명사, 형용사, 동사의 기능을 재기 발랄하게 설명했다. 문장은 품사가 제 기능을 하면서 완성된다. 사람 세계와 다를 바 없다. 품사를 의인화한 이 글은 공생과 상생의 인간관계를 일깨우는 우화가 아닐까? 글 속의 '녀석'은 당연히 조사다.

●●● **똥구멍이 몸의 대장이 됐다**

다음은 베르나르 베르베르의 〈웃음〉 속 일부 내용을 글쓰기 훈련에 맞도록 재구성한 내용이다.

사람의 몸이 창조되었을 때, 모든 부위가 저마다 대장이 되려고 했다. 먼저 두 발이 기선을 제압했다.
"누구 덕에 몸이 서 있을 수 있나. 당연히 우리가 대장이 되어야 해."

이 말에 눈들은 "바깥 세상에 관한 주요 정보들을 가져다주는 우리가 당연히 대장"이라며 제동을 걸었다. 입 역시 가만히 있지 않고 "다들 내 덕분에 먹고사는 것이니 나야말로 대장감"이라고 목청을 돋웠다. 심장과 귀, 허파도 그런 식으로 대장 자리를 욕심냈다. 마지막으로 뇌가 대장 자리를 주장했다. 신체의 모든 신경계를 관장하고 있다는 이유를 들었다.

모두 수긍할 찰나였다. 가만히 듣던 똥구멍이 자신이 대장이 되겠다고 나섰다. 모든 신체 부위가 코웃음을 쳤다. 한낱 똥구멍 주제에 자신들을 다스리겠냐는 것. 그러자 똥구멍이 성깔을 부렸다. 갑자기 힘을 주며 구멍을 잔뜩 오므렸다.

잠시 후 눈은 흐릿해지고 발은 걷기 힘들어졌다. 손은 한없이 늘어지고 뇌는 정신이 혼미해졌다. 심장과 허파는 생존하기 위해 바둥거렸다. 결국 모두 뇌에게 간청했다. '대장 자리를 양보하세요.'

그렇게 해서 똥구멍이 대장 자리에 올랐다. 신체 부위들은 비로소 활동을 재개할 수 있었다. 그러나 기쁨도 잠시, 똥구멍은 늘 몸속의 똥내 나는 골칫거리들을 처리해야 했다.

다들 잘났다는 세상이다. 높으신 분들에게 아래가 보일 리 없다. 그러나 모두 제 기능을 해야 몸이 움직이고 사회가 돌아간다. 대장이 되겠다고 나서는 순간, 감당해야 할 책임은 한없이 커진다. 소명의식이 없으면 리더 자격이 없다. 똥구멍은 똥을 치우면서 삶에서 소중한 가치가 무엇인지 깨달을 것이다.

••• 커피가 위 속으로 들어갔다

19세기 프랑스 소설가 발자크에게 커피는 글쓰기의 필수품이었다. 하루 수십 잔을 마셔댔던 커피광 발자크. 그는 다음과 같이 커피에 대한 '헌사'를 남겼다.

커피가 위 속으로 미끄러져 들어가면, 모든 것이 움직이기 시작한다. 이념들이 대부대처럼 앞으로 나아가며 전투가 시작된다. 추억들은 깃발을 들어 올리고 돌격해온다. 논리의 보병부대가 보급품과 탄약을 들고 그 뒤를 바짝 따라간다. 풍부한 감성으로 무장한 멋진 아이디어들이 저격병이 되어 전투에 끼어든다.
등장인물들이 옷을 입는다. 종이가 잉크로 뒤덮인다. 전투는 점차 격렬해지다가 어느덧 시커먼 화염 속에서 막을 내린다.

연필이 무대 위에서 연기를 하기 위해서는 특수한 분장과 소품이 필요하다. 어떤 사람에게는 고즈넉한 풍경이, 어떤 사람에게는 담배가, 또 다른 사람에게는 음악이 곁에 있어줘야 한다. 발자크는 커피를 통해 작문의 시동을 켰나 보다. 이념과 논리 혹은 감성과 아이디어가 갑자기 쏟아져 나올 때가 있다. 그러다 절정에 이르면 타다만 재처럼 소멸한다.

••• "말허리를 왜 자르나?" 말이 기가 막혀

말은 언어다. 다른 한편으로 말은 동물이다. 이 말(언어)을 말로 의인화하면 재미있는 작문이 탄생한다.

말은 사람들이 하는 이야기를 듣다 기가 막혔다. 그들은 왜 말을 말도 안 되게 할까? 말을 질질 끄는가 하면, 말허리를 자르거나 말장난을 한다. 때론 말머리를 돌리지 말라, 말꼬리를 붙잡지 말라고 윽박지른다. 말을 좀 하면 말이 많다고 핀잔주고, 농담을 하면 '말이 씨가 된다'며 입을 막는다. 반면에 진실을 말하면 말조심하라고 으름장을 놓는다. 막상 증거를 들이대면 '할 말 없다'고 잡아뗀다. 사람들이여, 더 이상 말을 욕되게 하지 말라.

4 반대되는 내용으로 강렬한 "대조"

서로 반대되는 특정 대상을 맞세워서 둘 혹은 하나를 도드라지게 하거나 전하려는 메시지를 명료하게 전달하는 수사법이다.

••• 세상에는 두 부류의 작가가 있다

세상에는 두 유형의 작가가 있다. 한 쪽은 한 문장 한 문장을 써 나간다. 다른 쪽은 일사천리로 쓰되, 수없이 많은 퇴고를 거쳐 작품을 완성시킨다. 어떤 방법이 좋다고 말할 수 없다.

작가들은 글을 어떻게 쓸까? 한승원은 〈소설 쓰는 법〉을 통해 명쾌하게 두 부류로 분류한 바 있다. 책에 따르면 전자의 경우 어느 한 문장에서 막히면 리듬이 끊겨 작품을 한동안 중단하게 되는 단점이 있다. 이런 작가는 대개 과작을 한다. 반면, 후자는 글이 막혀 작품을 못하는 경우는 없다. 이 부류는 다작을 한다. 그렇다면 소설가 지망생들에게는 어느 쪽이 더 좋을까? 한승원은 '일사천리' 쪽을 권한다. 이는 컴퓨터 시대 환경에도 적합하다. 글쓰기 역시 마찬가지 아닐까?

••• 일본인의 두 얼굴, 국화와 칼

일본인은 최고로 싸움을 좋아하면서도 얌전하고, 군국주의적이면서도 탐미적이고, 불손하면서도 예의바르고, 완고하면서도 적응력이 있고, 유순하면서도 시달림을 받으면 분개하고, 충실하면서도 불충실하고, 용감하면서도 겁쟁이이고, 보수적이면서도 새로운 것을 즐겨 받아들인다. 그들은 자기 행동을 다른 사람이 어떻게 생각하는가에 놀랄 만큼 민감하지만, 동시에 다른 사람이 자기의 잘못된 행동을 모를 때는 범죄의 유혹에 빠진다.

―루스 베네딕트, 〈국화와 칼〉

우리나라에서는 밥그릇을 손바닥에 들고 밥을 먹지 않는다. 반면에 일본에서는 고개를 숙여 상 위에 놓인 밥그릇에 입을 대고 먹지 않는다. 밥을 들고 먹으면 '네가 거지냐.'라는 핀잔을, 고개를 숙여 밥을 먹으면 '네가 개냐.'는 핀잔을 듣는다는 우스갯소리가 있다.

세상에는 쌍을 이루는 것들이 많다. 남자와 여자, 바늘과 실, 젓가락과 숟가락과 같은 대상들이다. 그중 일본인의 양면성을 지적한 〈국화와 칼〉은 대조의 백미다. 예의 바르고 겸손한 겉모습 뒤에 무서운 칼을 품고 있는 나라, 그 이해하기 힘든 기묘한 논리가 지배하고 있는 나라다. 〈국화와 칼〉을 쓴 루스 베네딕트는 이를 '수많은 모순이 날줄과 씨줄이 되어 있다'고 설명하고 있다.

••• 종교가 세상을, 세상이 종교를

"전에는 종교가 세상을 걱정했다. 지금은 세상이 종교를 걱정한다. 우리 시대에 살고 있는 모든 분들께 부끄럽고 죄송하다."

불교 조계종 한 스님의 말씀이다. 어지러운 세태에 종교마저 휩쓸리는 현실. 그에 대한 통렬한 반성이다. 글쓰기의 관점에서 보면 단순히 주어와 목적어 하나를 바꿈으로써 기존 관념을 전복시켰다. 동시에 순식간에 현상의 본질에 다가가게 한다. 대단한 도치법이다. '장자의 꿈'이 오래도록 회자되는 이유는 바로 그런 전복의 묘미 때문이 아닐까.

••• 생각의 꽃과 자연의 꽃

　생각은 꽃이다. 피어나고 또 진다. 피고 지는 것은 생각의 운명이다. 그런데 이 운명은 정해진 길을 따르는 법칙에 지배되지 않는다. 그 점에서 생각의 꽃은 자연의 꽃과 다르다. 자연의 꽃은 자연의 섭리에 따라 필연적으로 피어나지만 생각의 꽃은 제멋대로 아무렇게나 피어날 수 있다. 그렇다면 올바른 생각의 꽃을 어떻게 피울 것인가. 무성하게 피어나는 생각의 꽃들 속에서 잡초를 제거하여 어떻게 제대로 된 생각을 키울 수 있을까. 생각도 기술이다.
　　　　　　　　　　　　　　　　　　　　　　　－옌스 뤼트겐, 〈생각발전소〉

　생각의 꽃과 자연의 꽃의 대비를 통해 생각의 특징과 본질을 짚었다. 생각이 꽃이 되는 순간, 꽃밭이 연상된다. 꽃밭을 상상하다 보면 쓸데없는 생각, 즉 잡초로 이어진다. 글은 묻고 있다. 생각을 어떻게 키울 것인가. 이어지는 글은 꽃을 피우기 위해 필요한 조건, 즉 양분 이야기가 될 것이며 동시에 생각 역시 어떤 영양소가 있어야 제대로 꽃필 수 있을지에 대한 논의가 등장할 것이다.

글쓰기 멘토들의 조언

❋ 글은 망할수록 더 좋아진다

잔소리를 들으면 들을수록, 망하면 망할수록 더 좋아진다. 다른 사람들에게 많이 보여줘라. '고치라'는 말을 들으면 고쳐라. 소설 쓰기에서는 절대 실패란 없다. 더 많이 망해라. 지속적으로 후회하고 고쳐라.

―김연수

❋ 막히면 시를 읽어라

글을 쓰다가 막힐 때 머리도 쉴 겸 해서 시를 읽는다. 좋은 시를 만나면 막힌 말꼬가 거짓말처럼 풀릴 때가 있다. 다 된 문장이 꼭 들어가야 할 한마디 말을 못 찾아 어색하거나 비어 보일 때가 있다. 그럴 때도 시를 읽는다. 단어 하나를 꿰오기 위해, 또는 슬쩍 베끼기 위해, 시집은 이렇듯 나에게 좋은 말의 보고다.

심심하고 심심해서 왜 사는지 모르겠을 때도 위로받기 위해 시를 읽는다. 등 따습고 배불러 정신이 돼지처럼 무디어져 있을 때 시의 가시에 찔려 정신이 번쩍 나고 싶어 시를 읽는다. 나이 드는 게 쓸쓸하고, 죽을 생각을 하면 무서워서 시를 읽는다. 꽃 피고 낙엽 지는 걸 되풀이해서 봐온 햇수를 생각하고 이제 죽어도 여한이 없다고 생각하면서도 내년에 뿌릴 꽃씨를 받는 내가 측은해서 시를 읽는다.

―박완서

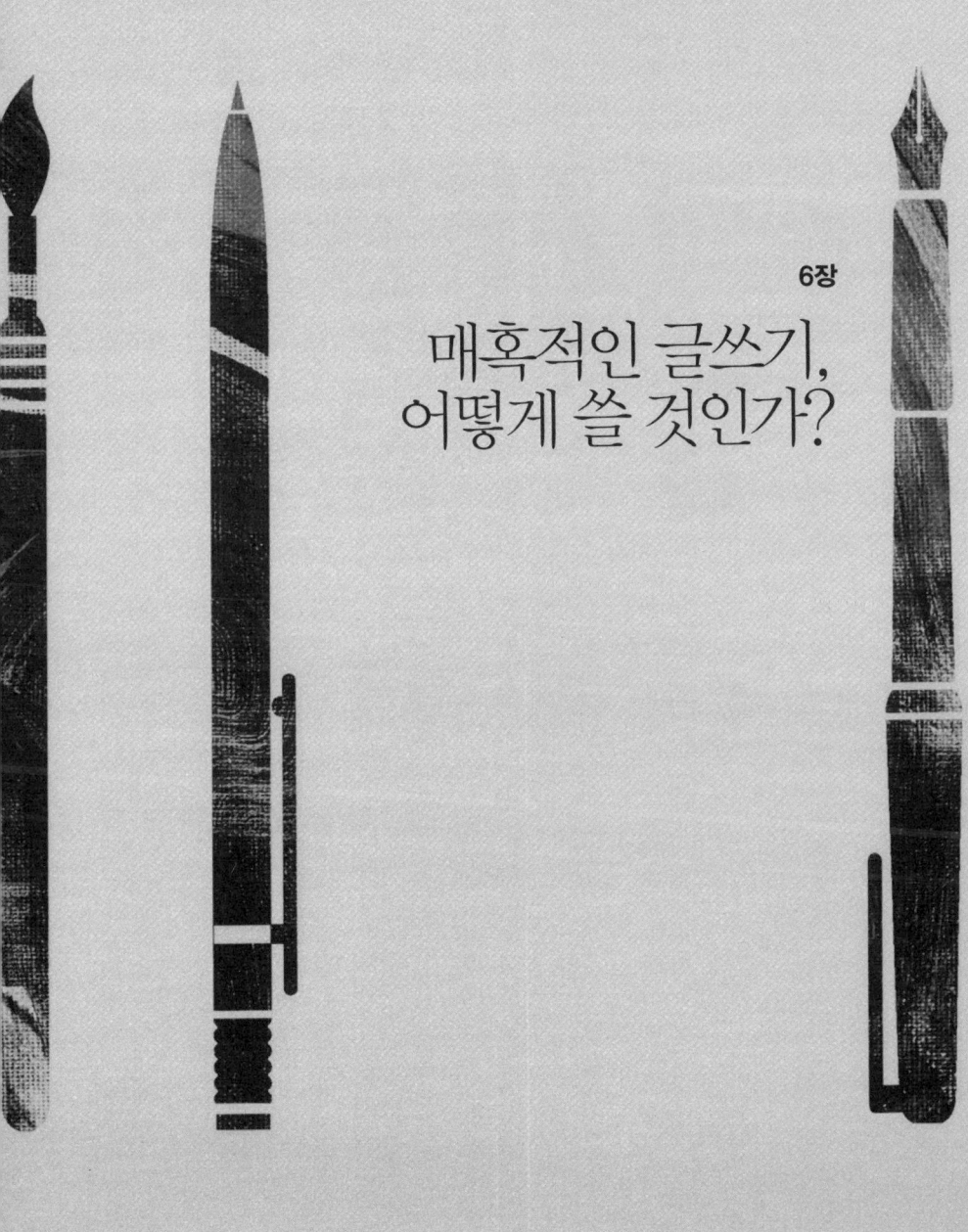

6장
매혹적인 글쓰기,
어떻게 쓸 것인가?

첫 문장은 꽃이다. 저마다 고운 자태로 독자를 유혹한다. 고혹적인 향기로 호기심을 자극해 품 안에 들어오도록 한다. 첫 문장은 마법의 시작이다. 첫 문장은 씨앗이 되어 줄기로 뻗어나가 단락을 이루고, 마침내 활짝 핀 '글의 화원'을 만든다. 잘 써진 첫 문장은 작가 스스로 눈을 의심할 정도로 짜릿한 쾌감을 안겨준다.

첫 줄을 기다리고 있다. / 그것이 써진다면 / 첫눈처럼 기쁠 것이다.

—심보선, 〈눈앞에 없는 사람〉

첫 문장은 뇌관이다. 작가는 첫 장을 연 독자들을 붙잡기 위해 버튼을 설치한다. 첫 문장을 읽자마자 독자의 가슴속에서 터진다.

목에 올가미를 씌우고 있는 모양이다.
−김다은, 〈모반의 연애편지〉

오늘 엄마가 죽었다. 아니 어쩌면 어제. 양로원으로부터 전보 한 통 받았다.
−카뮈, 〈이방인〉

특히 오르한 파묵이 쓴 〈내 이름은 빨강〉의 서두는 기묘하고 섬뜩하다. 소설 속 화자가 우물 속 사체다. 대체 그는 무슨 사연이 있기에 그런 기묘한 상황에 놓여 있을까? 작가는 독자로 하여금 궁금증을 증폭시키며 살인자를 쫓도록 이끈다.

나는 지금 우물 바닥에 시체로 누워 있다. 마지막 숨을 쉰 지도 오래되었고 심장은 벌써 멈춰 버렸다.

김영하의 소설 〈비상구〉의 첫 문장 역시 호기심을 자극한다. 뱃살로 인해 화살 문신이 밧줄로 변한 모습이 익살스럽다.

그 여자애 배꼽 밑에는 화살 문신이 있다. 그걸 새길 때보다는 뱃살이 불었는지 이제 그 문신은 화살이라기보다는 밧줄 모양이다. 화살촉 부분도 초기의 날카로움을 잊고 끝이 구부러져 있다.

때로는 첫 문장이 심장이다. 마치 김별아가 쓴 소설 〈미실〉의 첫 문장처럼 독자를 압도하는 핵심을 품고 있다. 신라 최고 권력을 움직인 한 여인의 도발적인 삶을 함축해 드러냈다.

그녀의 치마가 펄럭였을 때 세상은 그녀 앞에 무릎을 꿇었다. 돌이킬 수 없는 폐허처럼, 그녀는 뒤를 돌아보지 않고 끝까지 갔다.

첫 문장은 덫이어야 한다. 독자를 글 속으로 끌어들여 옴짝달싹 못하게 붙잡아 놓아야 한다. 김춘수 시인의 시처럼 '내가 그 이름을 불러주어 꽃이 되는' 것이 아니고, 꽃이 스스로 꽃이 되도록 몸을 던져야 한다. 이를테면 신경숙의 〈엄마를 부탁해〉의 첫 문장은 엄마의 실종이라는 돌발적인 상황 속으로 독자를 밀어 넣는다.

엄마를 잃어버린 지 일주일째다.

아이를 잃어버리는 경우는 많지만 엄마를 잃어버리는 경우는 드물다. 일주일째 소식이 없는 엄마. 발칵 뒤집힌 한 가족의 비상 상황을 한 문장에 담았다.

첫 문장은 그 중요함만큼, 뼈를 깎는 통증이 뒤따른다. 창작은 산고나 다름없다. 한 번 겪어도 매번 새롭다. 경험이 위안을 주기보다 고통을 더한다. 그러나 죽어도 좋을 각오가 되어 있고 마음의 준비가 모두 끝났으나 서사를 풀어나갈 실마리가 보이지 않을 때는 어떻게 할 것인가. 아래는 그 고통을 잘 드러낸 글이다.

"작가인 우리는 고통민감증 환자인지 모릅니다. 저는 가끔 이렇게 말합니다. '상처는 나의 힘.' 나는 고통스러울 때 글을 쓰는 일이란, 마치 고통의 피고름이 가득한 심장에 펜을 콕 찍어 글을 쓰는 듯 심장의 동통(疼痛)마저 느끼게 됩니다.

그러나 저는 요즘 고통의 잉크도 준비되어 있고 심장에 펜을 콕 찍어 쓸 준비도 되어 있습니다. 그러나 첫 문장이 떠오르지 않는군요. 선배, 저는 여태 첫 문장을 기다리고 있어요."
　　　-〈작가들의 우정편지〉 중 소설가 권지예가 조경란에게 보낸 편지

마치 번지점프를 하려고 계곡 정상에 올라갔으나, 출발 신호가 떨어지지 않는 형국이다. 그 암담한 상황이 안타깝다. 작가가 첫

문장을 어떻게 대하는지 생생하게 드러낸 글이다.

과제 다음 글을 읽고 비슷하게 글을 써보자.

영국 축구에 있어서 여름은 추측의 계절이다. 그중에서도 여름의 문턱인 6월은 굉장히 재미있는 시간이다. 무엇보다 감독과 선수들이 대부분 이 기간에 휴가를 떠난다. 그런데 당사자들이 자리를 비울수록 소문이 더 빠르고 넓게 퍼진다.

-스포탈코리아, 2011년 6월 6일자

나에게 여름은 상실의 계절이다.

2 개 꼬리로 머리 흔들기

　개의 꼬리는 머리가 흔든다. 하지만 글쓰기를 잘하면 꼬리가 머리를 흔드는 글을 쓸 수 있다. 개 꼬리가 머리를 흔드는 일, 가능한 일인가?

　우리는 시간의 순서나 사건의 경과에 따라 글을 쓰는 경향이 크다. 일기를 쓸 때 아침에 일어나는 일부터 기록하려는 습성이 있다. 여행기를 쓸 때도 여행 갈 때 시작해서, 돌아오면 끝이 나는 식이다. 소위 미괄식 구조에 익숙한 글을 써 왔다. 이것은 물 흐르듯 자연스러운 현상이다. 그러나 실용적 글쓰기에서는 두괄식 기술을 구사할 수 있어야 글쟁이라 할 수 있다.

보통 사람들은 미괄식 구조를 쓴다. 글쓰기를 잘하는 이는 이를 뒤엎어 첫인상을 강력하게 어필한다. 글쓰기를 잘하려면 미괄식을 두괄식으로, 혹은 거꾸로, 자유자재로 만들 수 있어야 한다.

결론을 먼저 서술하는 연역적 사고나 글쓰기 방식은 거의 훈련하지 않은 탓에 매우 취약하다. 그러나 두괄식 글쓰기는 마치 강물을 거슬러 올라가는 연어처럼 역동적으로 메시지를 전달함으로써 목적을 달성한다.

다음은 알랭 드 보통이 자신의 서재에 대해 한 말이다. 이것은 포털사이트 네이버에 있는 〈지식인의 서재〉에 있다.

저에게 서재란 책 쓰기를 가능하게 하는 창조의 도구입니다. 만약 어떤 주제에 대해 기존 작가들이 어떻게 얘기했는지 알지 못한다면 앞으로 제가 집필하게 될 내용이 흥미로울지, 독창적일지, 중요할지 가늠하기 힘들기 때문이죠. 그래서 저는 글을 쓰기 전에 항상 타인들이 그 주제에 대해 기존에 어떻게 생각을 했는지 알아야 해요. 이를 통해 제 책이 독창적일지 흥미로울지 알 수 있게 됩니다.

이 글은 첫 문장이 두괄식으로 되어 있다. '서재=창조의 도구'라는 메시지를 앞에서 전하고 있다. 미괄식 구조로 쓴다면 다음과 같을 것이다.

저는 제 책이 독창적일지 흥미로울지에 관심이 있습니다. 그러려면 글을 쓰기 전에 항상 타인들이 그 주제에 대해 기존에 어떻게 생각을 했는지 알아야 합니다. 만약 어떤 주제에 대해 기존 작가들이 어떻게 얘기했는지 알지 못한다면 앞으로 제가 집필하게 될 내용이 흥미로울지, 독창적일지, 중요할지 가늠하기 힘듭니다. 따라서 저에게 서재란 책 쓰기를 가능하게 하는 창조의 도구입니다.

미괄식 구조에 익숙한 까닭은 우리가 익힌 글 대부분이 결말이 뒤에 나오는 형식이기 때문이다. 어릴 적 읽은 동화가 대표적이다. 대부분 '옛날에~'라는 문장으로 시작한다.

옛날에 흥부와 놀부 형제가 살았다. 형인 놀부는 유산을 독차지하고 동생 흥부를 내쫓았다. 흥부는 여러 자식들과 가난하게 살았다. 온갖 궂은일을 다 했지만 늘 가난했다. 어느 날, 흥부는 우연히 다리를 다친 새끼제비를 발견했다. 흥부는 제비를 정성껏 돌본 끝에 날려줬다. 제비는 이듬해 흥부에게 박씨를 물어다 주었다. 가을이 되자, 박에 열매가 주렁주렁 열렸다. 흥부가 박을 열자, 온갖 금은보화가 나왔다. 흥부는 하루아침에 벼락부자가 되었다.

이 글을 두괄식 형태로 고치는 연습을 해 보자. '흥부는 하루아침에 벼락부자가 되었다.'를 첫 문장으로 해서 글을 서술하는 것이다.

   흥부는 하루아침에 벼락부자가 되었다. 가을에 수확한 박을 열자, 온갖 금은보화가 나왔다. 그 박은 제비가 물어다 준 씨로부터 얻은 열매였다. 언젠가 흥부는 우연히 다리를 다친 새끼제비를 발견해 정성껏 치료해 준 적이 있다. 당시에 흥부는 여러 자식들과 가난하게 살았다. 놀부 형이 아버지의 유산을 독차지하고 흥부를 내쫓았기 때문이다. 그 이전에 둘은 한 집에서 살았다.

과제 다음은 〈춘향전〉 요약 글이다. 이 글을 거꾸로 써보자.

   이몽룡은 남원 부사의 아들이었다. 하루는 광한루에 놀러 갔다가 그네를 타는 춘향이를 보았다. 이몽룡은 그녀의 아름다운 자태에 반했다. 두 사람은 그날 밤 사랑을 나누었다. 둘의 사랑은 날이 갈수록 깊어갔다. 그러나 몽룡 아버지의 이직으로 말미암아 헤어지게 되었다.
   이몽룡은 관직에 나아가지 못한 상태였다. 따라서 춘향이를 아내로 당당히 맞을 수 없었다. 몽룡은 후일을 기약하고 홀로 한양으로 향했다. 춘향이는 이몽룡을 기다리며 수절했다.
   그러던 중 남원에 신임 부사로 변학도가 부임했다. 그는 춘향에게 반해 수

청을 들라고 요구했다. 춘향이가 이를 거부하자 변학도는 분노했다. 춘향이를 옥에 가두고 매질했다.

어느 날 이몽룡은 거지 행색을 하고 몰래 남원에 내려왔다. 과거에서 장원 급제한 상태였으나 신분을 숨기고 춘향이 모친을 만났다.

남원 부사의 생일. 이몽룡은 어사 출두하여 변학도를 비롯한 탐관오리를 처벌했다. 어사는 얼굴을 가린 채 춘향의 정절을 시험했다. 그러나 춘향이의 굳은 결심은 변함이 없었다. 결국, 춘향과 이몽룡은 반갑게 재회하고 행복하게 살았다.

3
피칭 – 문장 하나로 끝내기

피칭은 던진다는 뜻이다. 공 하나로 타자를 잡는 강력한 투구법이다. 글쓰기에서 피칭은 마음을 사로잡는 기술이다. 단숨에 상대의 가슴을 찔러 무너뜨린다.

피칭(Pitching) : 용건을 쉽게 이해하도록 만들어 전하는 행위

이 피칭은 '엘리베이터 피치'라고도 부른다. 엘리베이터에 탄 후 내릴 때까지의 30초 안팎의 짧은 시간 안에 누군가에게 의사를 강력하게 전달하는 행위를 말한다. 다시 말해 짧은 시간 안에

특정 아이디어를 소개할 때 필수적이다. 의사를 명료하게 표현해 상대를 설득하는 방법이기에 비즈니스 현장에서 강력한 테크닉이 된다.

엘리베이터 피치는 할리우드에서 시나리오 작가가 영화감독에게 자신의 시나리오를 설명할 때 많이 쓴다. 예를 들어 영화 〈인셉션〉을 어떻게 설명할 것인지 알아보자. 다음은 검색 사이트인 네이버에 소개된 영화의 줄거리다.

미래 사회에서는 '드림머신'이라는 기계로 타인의 꿈과 접속해 생각을 빼낼 수 있다. 남자 주인공은 생각을 지키는 특수보안요원이면서 또한 최고의 실력으로 생각을 훔치는 도둑이다. 우연한 사고로 국제적인 수배자가 된 그는 머릿속의 정보를 훔쳐내는 것이 아니라 반대로 머릿속에 정보를 입력시켜야 하는 일을 맡게 된다. 이른바 영화 제목처럼 '인셉션'이다.

이 내용을 짧은 시간에 설명하여 필이 꽂히도록 하기란 쉽지 않다. 이를 다음처럼 설명하면 어떤가.

인셉션은 〈매트릭스〉의 가상현실을 꿈으로 대체한 블록버스터다. #1

복잡하지 않고 단순하며 쉽다. 〈매트릭스〉를 본 이들은 금세 이해할 수 있다. 이 피칭은 핵심(포인트)을 파악하는 일로부터 시작된다. #1은 '타인의 꿈에 접속해 생각을 심거나 훔치는 영화'라는 사실을 기반으로 한다. 다음처럼 말하는 기법도 피칭이다.

내 미래의 남편이 될 앨리그잰더 플렁켓 그린은 185센티미터 넘는 키에 믹 재거와 폴 매카트니를 반씩 섞어놓은 것 같은 외모다.
—메리 퀀트, 〈여자를 완성한 여자 메리 퀀트〉

이는 '믹 재거처럼 이목구비가 크되, 폴 매카트니처럼 준수하다'는 사실을 좀 더 빨리 납득할 수 있도록 표현한 것이다. 이 피칭의 기술은 커뮤니케이션에서 강력한 효과를 발휘한다. 그런데 이 기술은 핵심을 잡아 문장으로 만드는 '포인트라이팅'으로부터 출발한다. 한 문장으로 압축해서 보여주면 독자들이 쉽게 이해할 수 있다. 다음 사례를 보자.

미국 로체스터 대학교의 연구팀이 여성들에게 각각 붉은색과 녹색 셔츠를 입은 남성의 사진을 보여줬다. 이어 더 매력적으로 보이는 남성에게 점수를 주게 했다. 그 결과 붉은색 셔츠의 남성이 더 높은 점수를 받았다.

이 단락의 내용을 한 문장으로 압축하면 다음과 같다. 첫 문장을 다음처럼 시작하면 훨씬 가독성이 높다는 것이다.

여성은 붉은색 셔츠를 입은 남성을 매력적으로 느낀다.

또 다른 사례다.

기원전 491년. 페르시아와 그리스의 전쟁이 일어났다. 페르시아의 다리우스 왕은 그리스의 도시국가인 아테네와 스파르타에 사신을 보내 무조건 항복을 요구하였다. 하지만 그리스는 페르시아 사신을 우물에 처넣어 죽였다. 이에 화가 난 다리우스 왕은 10만 명의 원정군을 그리스에 보내 전쟁을 일으켰다.

이 내용의 핵심을 파악해서 한 문장으로 말하면 다음과 같다.

페르시아의 다리우스 왕은 그리스가 자신의 항복 요구에 응하지 않자 전쟁을 일으켰다.

이 기법은 남과 차별화된 글쓰기에서 꼭 필요한 기술이며, 다른 글보다 쉽게 이목을 끈다.

4 사고의 확장-
숫자 3의 마법

 한 사람이 횡단보도를 건너다 중간쯤(완충지대가 있는 곳)에서 하늘을 향해 손가락질을 하며 쳐다본다. 한 사람이 하면 시큰둥한 반응이다. 두 사람이 하면 '뭐가 있나'하며 하늘을 올려다보다가 이내 그만둔다. 그러나 세 사람이 하면 상황이 완전히 달라진다. 길을 건너던 행인이 모두 하늘을 쳐다보는 데 동조한다. EBS-다큐프라임을 통해 알려진 '3의 법칙' 실험 결과다. 3은 완벽한 수다. 하나, 둘이면 나와 너지만 셋이 모이면 우리가 된다. 설득과 공감을 가능하게 하는 숫자다. 나는 글쓰기에서의 '3의 법칙'을 다음과 같이 정의한다.

"세 가지 이유를 대면 설득력 있고, 세 가지 근거를 대면 정당성을 얻는다."

다음은 다산 정약용 선생이 쓴 '폐족의 생존 전략'이다. 그는 유배된 상태에서 떨어져 사는 아들에게 3가지를 권고하고 있다.

먼저 술을 마시지 말라. 술로 패가망신한 사례가 많다. 폐족의 처지에 술에 맛들이면 다시 일어설 희망은 영영 없다. 또한 학문에 매진하라. 성공하는 길은 학문밖에 없다. 폐족일수록 공부에 더욱 정진해야 후일을 도모할 수 있다. 마지막은 서울의 10리 안에서 거주하라는 것이다. 수도에서 너무 멀리 떨어져 있으면 복권이 되어도 가문을 다시 일으키기가 쉽지 않다.

―김상홍, 〈아버지 다산〉

작가들은 이런 방식에 익숙하다. 박범신은 2010년 화제작 〈은교〉를 펴내며 자신의 문학 세계를 드러낸 바 있다. 〈은교〉가 〈촐라체〉와 〈고산자〉에 이은 3부작이라는 것이다. 그렇게 함으로써 고급스럽고 완결된 맛을 준다.

지난 십여 년간 나를 사로잡고 있었던 낱말은 '갈망'이었다. 〈촐라체〉와 〈고산자〉 그리고 이 소설 〈은교〉를, 나는 혼잣말로 '갈망의 3부작'이라고 부른다. 〈촐라체〉에서는 히말라야를 배경으로 인간 의지의 수직적 한계를, 〈고산자〉에서는 역사적 시간을 통한 꿈의 수평적인 정한(情恨)을, 그리고 〈은교〉에 이르러 비로소 실존의 현실로 돌아와 존재의 내밀한 욕망과 그 근원을 감히 탐험하고 기록했다고 느끼기 때문이다.

-박범신, 〈은교〉 후기 중

  3의 법칙을 좀 더 쉽게 설명해 보자. '사람과 개는 다르다'라는 글을 쓴다고 하자. 이때 이유를 한 가지 말고 세 가지를 생각해 보라. 이런 답이 나올 수 있다.
  '개와 달리 사람은 말을 한다. 또 사람은 생각을 한다. 특히 사람은 두 발로 걸어 다닌다.'
  이번에는 '태양과 달'의 차이를 떠올려 보자. 태양은 달보다 밝고 크다. 태양은 움직이지 않지만 달은 움직인다. 태양은 빛을 주지만 달은 감성을 준다 등 이런 식으로 확장할 수 있다. 아래는 피천득 선생의 글이다. 수필가 최민자의 글을 따뜻한 시선과 유연성, 그리고 날카로운 예지라는 세 가지로 분석해 냈다.

  그녀의 글에는 인생을 바라보는 따스한 시선이 들어 있고, 흔들리면서도 중심을 잃지 않는 유연성이 있다. 세상을 꿰뚫어보는 날카로운 예지도 들어 있다. 그리고 그 날카로움은 남을 찌르기 위한 것이 아니라 자연과 인생, 사물의 이치에 대한 깊은 통찰에서 오는 것이다.

—피천득, 〈손바닥 수필〉

   3의 법칙을 활용해 글쓰기훈련소 카페에서 창작을 해 보았다. 아래의 글은 기사의 일부를 글쓰기 훈련에 맞게 수정한 내용이다.

   아마도 우리는 첫사랑에게 진 죄가 있다. 낯선 감정을 어쩌지 못해 어설프고 미련하게 행동했던 죄, 사소한 오해를 쌓아만 두다 종국에 그 사랑을 무너뜨린 죄. 그 시절을 떠올릴 때 가슴이 먹먹해지는 까닭은 그런 부채감 때문일지 모른다. 영화 〈건축학개론〉은 첫사랑에 대한 반성문을 쓰는 기분으로 만든 작품이다.

—중앙일보, 2012년 3월 20일자

   첫사랑에 진 죄가 있다면 뭐가 있을까? 이 글에는 두 가지가 나왔다. 여기에 하나를 더 덧붙인다면 어떤 것이 있을까? 〈글쓰기훈련소〉 카페 회원들은 '부끄러움 때문에 내 마음을 전하지 못하고 쭈뼛거리던 일', '용기를 내지 못한 일'과 같은 댓글을 달았다.

과제 첫사랑에 진 죄에 대해 써보자.

난설헌은 여류 문학에 큰 족적을 남겼다. 그녀는 천재적인 시 쓰기 재능을 가졌으나 스물일곱에 요절했다. 소설 〈난설헌〉은 그녀의 삶이 혼인하면서 어긋났다고 전한다. 결혼이 시어머니와 갈등, 남편과의 불화, 어린 딸과 아들의 이른 죽음이란 불행을 낳았던 것이다. 소설은 이런 그녀의 처지를 다음과 같은 독백으로 전한다.

"나에게는 세 가지 한이 있다. 여자로 태어난 것, 조선에서 태어난 것, 그리고 남편의 아내가 된 것이다."

과제 '내 인생에는 세 가지 불화가 있다.'는 문장을 이어 글을 써보자.

5
스토리텔링 – 설득의 귀재

　스토리텔링은 '이야기+텔링'이다. 마케팅에서는 메시지를 스토리를 통해 설득력 있게 전하는 기술로 쓰인다. 메시지를 이야기로 만들어 전달하는 형식이다. 초콜릿 고다이바가 그 대표적인 사례다.

　서양의 중세인 11세기 영국의 코벤트리 마을에 희한한 일이 벌어졌다. 영주 레오프릭 백작의 아내 고다이바(신의 축복이라는 뜻)가 알몸으로 말을 타고 마을을 도는 퍼포먼스가 이뤄졌다. 당시 그 마을은 가혹한 세금에 시달렸다. 이런 점을 안 고다이바 부인은 남편에게 문제의 세금정책을 철회해 줄 것을 요구했다.

이에 남편은 만약 아내가 나체로 말을 타고 마을을 한 바퀴 돈다면 청을 들어주겠다고 약속했다. 고다이바 부인은 실제로 그 의식을 치렀다. 당시 마을 사람들은 영주 부인의 아름다운 마음씨에 감동해 창문을 내리고 그 모습을 쳐다보지 않았다.

'고다이바'는 1926년 초콜릿 이름으로 화려하게 부활했다. 고결한 여성이 이웃을 돕기 위해 알몸으로 마을을 돌았다는 이야기를 초콜릿에 담은 것이다. 그로 인해 고다이바는 고급 초콜릿의 대명사가 됐다.

사실 스토리텔링은 문학적 용어다. 글을 쓸 때 이야기처럼 생생하고 흥미롭게 쓰는 것을 말한다. 글은 쉽고 재미있게 읽혀야 한다. 스토리텔링은 이를 실현하는 글쓰기 기법이다.

2011년 6월 YTN에서 날씨를 전문적으로 방송하는 '웨더 채널'을 개국했다. 개국 행사에 정, 재계 주요 인사가 참여해 축사를 했다. 그런데 그때 축사 중에 기상청을 꼬집고 웨더 채널의 건승을 당부하는 내용이 있었다. 기상청이 오보가 잦다는 세간의 인식 때문에 생긴 일이었다. 흥미로운 점은 웨더 채널의 날씨 정보를 기상청에서 제공한다는 사실이다. 기상청 관계자가 보면 실소를 금하지 못할 상황이다.

이를 메시지를 쉽게 이해할 수 있는 비유를 동원해 스토리텔링 형식으로 글을 풀어서 쓰면 훨씬 주목도가 높다.

과일 가게가 새로 문을 열었다. 여러 가지 과일이 많았다. 사람들이 놀러 와서 한마디씩 한다. "근처 대형 마트에서 파는 과일은 오래되고 맛이 없어요. 앞으로 싱싱하고 맛있는 과일 많이 서비스 해 주세요." 그러나 실은 새로 연 가게의 과일 공급처는 대형마트였다. 이 같은 일이 날씨 채널 개국 행사에서 벌어졌다.

이 기법을 통하면 쉽고 재미있다는 장점이 있다. 무엇이든지 스토리텔링을 통하면 흥미진진해진다. 1970년대 미국의 백화점 노드스트롬이 알래스카에 있는 한 백화점을 인수했다. 한 고객이 타이어 두 짝을 들고 와서 환불을 요구했다. 이 타이어는 인수한 백화점에서 판매했던 제품이었으며, 당시 노드스트롬에서는 팔지 않았다. 하지만 이 백화점에서는 즉시 타이어를 환불해 줬다. 고객 위주의 서비스 마인드를 잘 드러낸 미국 유명 백화점의 일화다. 이 이야기를 아래처럼 바꾸면 훨씬 재미있다.

한 백화점에 노인이 찾아왔다. 그의 양손에는 큼지막한 박스 하나가 들려있었다. 그는 한 매장 직원에게 "산 물건을 반품하러 왔다."고 말했다. 직원은 잠시 기다리라며 매니저를 불렀다. 잠시 후 매니저가 나타나 노인에게 물었다.

"반품할 물건이 무엇이죠?"

"이것입니다."

노인은 박스의 포장을 풀어헤쳤다. 그 안에는 타이어가 들어 있었다. 매니저는 내심 놀랐지만 다음과 같이 응대했다.

"얼마에 사셨어요?"

"한 대당 7만 원입니다."

매니저는 두말하지 않고 노인에게 환불해 주었다. 사실 그 백화점에서는 타이어를 취급하지 않았다. 이전에 인수한 백화점에서 샀던 것이다. 이 이야기는 미국의 '노드스트롬' 백화점에서 있었던 에피소드로 전해 온다. 노드스트롬은 '고객 만족'의 대명사로 불릴 만큼 '섬김의 서비스'로 유명한 기업이다.

스토리텔링은 어려운 이야기를 쉽게 전하는 방식으로도 매우 유용하다. 한미 FTA는 국민 사이에서도 찬반 의견이 맞선다. 노무현 정부 때 협상을 지휘한 김현종 전 통상교섭본부장은 회고록 〈김현종, 한·미 FTA를 말하다〉를 통해 그 당위성을 흥미롭게 밝혔다.

야구에 비유하자면 우리는 번트를 대고 열심히 뛰어 슬라이딩까지 해가며 1루에 진출했다. 그것이 칠레·싱가포르와의 FTA였다. 1루에서 2루까지의 도루는 흔히 있는 법이다. 캐나다, EFTA, 그리고 아세

안 10개국과의 FTA가 그것이다. 2루에서 3루까지 도루하는 것은 흔치 않지만, 국부를 늘리고 경쟁력을 갖춰 통일을 준비해야 하기에 2루에서 머물 수 없었다. 그래서 일본·중국·아세안을 합친 시장보다 더 큰 미국과 FTA를 체결하고, EU와 협상을 시작했으며 중국과 예비협상을 개시했다. 그러나 3루까지 도루해도 홈스틸을 하지 못하면 아무 소용이 없다. FTA의 홈스틸은 바로 남북 FTA였다.

반면에 FTA를 다른 방식으로 스토리텔링한 사례도 있다. 전 봉은사 주지였던 명진 스님은 한 언론과의 인터뷰를 통해 FTA를 비판했다.

한미 FTA는 서울과 강원도 속초시 사이에 고속도로를 건설하는 일과 같다. 서울과 속초는 더 잘살게 되겠지만, 그 사이에 고불고불 옛 도로에 있는 조그만 가게 상인들은 모두 문을 닫거나 서울이나 속초의 큰 가게 점원으로 전락할 것이다.

과제 대기업이 영세 상권에까지 문어발 확장을 해 논란을 빚고 있다. 이를 '통 큰 치킨' 사건에 비유해 풀어 써라.

6 결말 쓰기 – 화룡점정 매듭

한 화가가 사찰의 벽에 용 그림을 그렸다. 비늘이며 발톱이며, 이빨이며 곧장 날아갈 듯 생동감이 넘쳐흘렀다. 그런데 용의 눈에 눈동자가 없었다. 그 이유를 묻자 화가는 "눈동자를 그려 넣으면 용이 벽을 박차고 날아갈 것"이라고 말했다. 사람들은 그 말을 믿지 않고 용의 눈을 그릴 것을 재촉했다. 화가가 눈을 그리자 그 용은 벽 속에서 튀어나와 하늘로 올라갔다. 화룡점정(畵龍點睛)에 대한 고사성어 풀이다.

이제부터 당신은 글을 쓸 때 이 이야기를 늘 유념해야 한다. 그리고 주문처럼 외워야 한다.

'나는 멋진 결말을 쓰겠다. 그럼으로써 그 글을 한 마리 새처럼 독자의 가슴으로 날아가게 하겠다.'

드라마나 영화 혹은 만화에 이르기까지 모든 이야기의 결말에는 '방점'을 찍어야 한다. 때론 평범한 마침표가 될 수도 있고, 느낌표나 물음표가 될 수도 있다. 말없음표(……)처럼 독자가 결말을 쓰도록 떠넘길 수도 있다.

'서두는 호기심을 끌고, 결말은 여운을 남겨라.' 글쓰기의 금칙이다. 그로 인해 드라마나 영화에서는 주인공을 죽이는 일이 다반사다. 희극보다 비극의 유통기한이 긴 까닭이다. 이는 결말 쓰기의 중요성과 중압감의 상징이다.

결말은 매듭이다. 운동화를 신고 끈을 질끈 동여매는 작업이다. 풀어지지 않도록 단단히 묶어야 한다. 읽는 이가 '참 야무지다.'고 느낄 수 있는 매듭이어야 한다. 그렇다면 어떻게 하면 화룡점정이 될까? 다음은 언론 기사를 수정해 만든 글이다.

축구에서 페널티킥은 특별하다. 그 순간, 수만 명의 시선이 한 곳에 모인다. 그라운드에는 긴장감이 흐른다. 페널티킥을 하는 선수는 엄청난 중압감을 느낀다. 실패하면 모든 비난을 혼자 감수해야 한다. 그런 까닭에 페널티킥에는 '11m 러시안 룰렛'이라는 무시무시한 별명이 붙었다.

흠잡을 데 없이 좋은 글이다. 승부차기를 러시안 룰렛에 비유한 부분은 보통의 글쓰기 실력에서 나오지 않는다. 비유컨대 용의 그림을 잘 그렸다. 그런데 다음처럼 하면 화룡점정이 된다.

'11m 러시안 룰렛.' 페널티킥의 다른 이름이다. 선수들은 수만 명의 따가운 시선을 받는다. 동시에 실패할 경우 비난을 혼자 감수해야 한다. 엄청나게 큰 부담과 긴장이 총구 속에서 격발을 기다리는 셈이다.

결말은 온몸을 던지는 일이다. 계곡 사이를 휘젓고 내려온 물줄기가 장대한 폭포 아래로 낙하하는 일이다. 읽는 이의 가슴을 뭉클하게 하거나 웃음보를 빵 터트린다. 아래는 소설가 김영하의 〈네가 잃어버린 것을 기억하라〉의 서문이다. 그는 작가로 인기를 얻은 뒤 방송과 강의로 바쁜 나날을 보냈다. 그러던 중 문득, 에너지의 고갈과 몸과 마음의 소진을 느낀 뒤 새로운 삶의 방식을 찾아 외국으로 떠났다.

저녁이면 젖은 비옷 같은 영혼을 추슬러 여의도로 향했다. (중략) 방송 역시 강의와 비슷한 면이 있다. 이것 역시 한 편의 쇼다. 정해진 시간에 시작되어야 하고 또 끝나야 한다. 그리고 언제나, 쇼는 계속되어야 한다. 손님들이 다녀간 빈자리에 남아 나는 아무도 돌보아주지 않는 내

내면을 스스로 감당해야 했다. (중략) 이것은 그리스 신화에 나오는 고전적인 저주의 형식을 닮았다. 너는 소설가가 되고자 하는 아이들에게 마음껏 소설 쓰기에 대한 얘기를 해도 좋다. 그러나 절대로 그 시간에 네 자신의 소설을 써서는 안 된다. 너는 다른 사람의 예술에 대해 얼마든지 말해도 좋다. 신나게 떠들어라. 하지만 그 시간에 네 소설을 이야기하거나 그것을 써서는 안 된다.

나는 그 저주의 대가로 월급과 연금을 보장받고 꽤 쏠쏠한 출연료를 받았지만 집으로 돌아오면 뒤통수 어딘가에 플라스틱 빨대가 꽂힌 기분이었다. 쉬익쉬익, 기분 나쁜 바람 소리가 들렸다.

작품 이외의 활동으로 창작의 샘이 말라버린 상황. 작가는 빈 내면의 허허로움을 빨대에 빨린 상황을 빗대 생생하게 드러냈다. 한마디로 화룡점정이다. 결말은 반전이다. 평범한 글을 센스 있는 글로 둔갑시킨다. 진부한 글을 괜찮은 글로 변신시키고 맥없는 글에 기운을 불어넣는다. 독자는 눈치 채지 못하겠지만 아래 글은 강력한 끝 문장의 기술을 구사하고 있다.

"당신 진짜로 나와 결혼한 걸 후회해?"
나는 약간 주저하다 대답했다.
"응, 가끔…"

아내는 잠시 창가로 고개를 돌렸다. 그러나 바로 몸을 내 쪽으로 향하며 이렇게 말했다.
"난, 만족하는데…"
내가 어찌 반응해야 할지 몰라 쭈뼛거리는데, 아내의 나지막한 한마디가 내 가슴을 깔끔하고도 깊숙하게 찌른다.
"아주, 가끔…"
-김정운, 〈나는 아내와의 결혼을 후회한다〉

 결말은 조용한 드라마다. 극적인 의도를 숨긴 채 살짝 드러낸다. 독자의 감각세포를 일깨우며 뇌리에 자리 잡는다. 다음은 영화 〈건축학개론〉에 대해 쓴 글이다. 영화에서 건축은 핵심 키워드다. 남녀 주인공이 〈건축학개론〉을 들으면서 첫사랑에 감전되고, 훗날 집 짓는 과정을 통해 감회에 젖는다.

 이 영화는 보편적 연애의 구체적 경험을 바닥에 깔고 첫사랑을 구성하는 1만 개의 너트와 볼트로 견고한 집을 짓는다. 이 집에 들어선 이후 관객들은 순간 먹먹하게, 때론 아련하게 정신을 잃게 될지도 모른다. 기분 좋은 기억의 쳐루다.
-경향신문, 2012년 3월 15일자

'건축'이란 키워드를 가지고 '첫사랑을 구성하는 1만 개의 너트와 볼트로 견고한 집'이라는 재치 있는 비유를 통해 영화의 완성도를 말하고 있다. 영화를 정밀하게 세공한 건축으로 비유한 뒤 관객이 그곳에서 느낄 여운을 예쁘게 드러냈다.

글은 미사여구가 많다고 잘 쓴 글이 아니다. 무난하게 써도 전혀 문제없다. 다만 마지막 부분에 포인트를 주면, 다시 말해 독자의 눈동자가 미세하게 커지도록 만들면 전체가 살아난다.

슬픈 사랑을 한 적 있는가. 연인과 헤어지고 나면 마지막 모습이 머리에서 지워지지 않는다. 좋은 끝 문장이 그렇다. 결말 쓰기를 잘하면 일상에서도 멋진 문장을 구사할 수 있다. 예를 들어 살다 보면 절망의 늪에 빠져 허우적거릴 때가 있다. 혹은 낙심하거나 의기소침할 때도 있다. 그러다 보면 갑자기 어느 순간 용기가 혀를 쑥 내민다. 이럴 때 딱 들어맞는 표현이 있다.

희망이 가느다란 연기처럼 솟아났다.

글쓰기 멘토들의 조언

❋ 퇴고가 중요하다

"나도 이 저자처럼 글을 잘 쓰면 얼마나 좋을까? 저 기자처럼 아이디어를 명료하고 정확하게 만들어서 자연스레 흘러나오게 하면 얼마나 좋을까?"

잘 쓴 책이나 기사를 읽으면서 이런 생각을 해 본 적이 있지 않은가. 하지만 여러분이 모르는 사실이 하나 있다. 전업 작가도 '딜리트'와 '백스페이스' 자판, 즉 '삭제' 자판을 필수품처럼 여긴다는 것이다. 이들이 쓴 초고(혹은 때로는 두 번째나 세 번째로 고쳐 쓴 원고) 역시 모호함, 애매함, 불일치를 없애기 위한 수정 과정이 필요하다.

이런 사실이 널리 알려지지 않은 이유는 우리가 작가의 완성된 작품만 보고 '창작 활동'은 보지 못하기 때문이다. 완성된 영화만 보고 편집실에서 생명이 끝나버린 수많은 필름을 못 보는 것처럼 말이다.

—빈센트 라이언 루기에로

❋ 방 도배지 때문에 글을 안 쓸 수 없어

"출판사에 다니는 아버지로 인해 다락방이 총천연색 책 광고지로 도배됐습니다. 한 쪽엔 톨스토이, 한 쪽엔 도스토예프스키가 있는 방에서 컸기 때문에 글을 안 쓸 수가 없었어요."

—하성란

7장

글쓰기 기술, 어떻게 활용할 것인가?

"선생님 합격했습니다. 감사합니다."

취업에 합격한 학생으로부터 받은 편지다. 지도를 해 주기 전이 학생은 30곳에 지원했으나 서류전형을 겨우 1곳 통과했다. 그러나 한두 가지 팁을 줬더니 단숨에 10곳 이상에 합격했다.

자기소개서에 극히 단순한 코멘트와 한 문장, 한 단락 정도의 첨삭을 하면 합격한다. 신기한 일이다. 그 비밀은 스토리텔링과 피칭의 기술에 있다. 다음 글을 보자.

대학교 때 일식집에서 웨이터로 일했습니다. 일식집의 특성상 당일 판매하지 못한 음식은 다 버려야 하기 때문에 주방장님의 눈짐작, 사장님의 감만으로는 한계가 있어 보였습니다. 저는 매출 전표 분석을 통해 손실구조와 개선방향을 사장님께 제시했습니다. 결국 분석능력을 인정받아 시급 8불 웨이터에서 월급 3,600불 매니저로 승진했습니다.

한 대학생이 쓴 자기소개서 내용이다. 이 글은 당연히 '시급 8불 웨이터에서 월급 3,600불 매니저로 승진'한 내용이 앞에 나와야 한다. 왜냐하면 가장 중요한 내용이기 때문이다. 이 글이 짧기에 망정이지 만약 길었다면 전형 담당자가 끝까지 읽어보지 못할 수도 있다. 따라서 운이 없으면 낙방할 수 있다. 대단한 능력을 가진 젊은이가 글의 순서로 인해 좌절을 겪을 수 있었다.

한 식당에서 일하면서 시급 8불 웨이터에서 월급 3,600불 매니저로 승진한 경험이 있습니다. 매출 전표 분석을 통해 손실구조를 개선한 덕분이었습니다. 일식집의 특성상 당일 판매하지 못한 음식은 버려야 하기 때문에 주방장님의 눈짐작, 사장님의 감만으로는 한계가 있었습니다.

여기에 전하려는 메시지를 이야기 형태로 쓰면 훨씬 설득력이 높다. 다음 글을 보자. '지렁이 이야기'를 통해서 자신이 어려운 환경 속에서 친구를 사귀기 위해 얼마나 애썼는지 보여주고 있다.

아버지께서는 직업군인이셨는데, 부대 발령 때문에 이사를 10여 회 다녔고, 초등학교를 4곳이나 다녔습니다. 친한 친구들과의 잦은 이별에 슬퍼하는 날도 많았고 늘 새로운 환경이 두려웠으나 친구들과 어울리기 위해 열심히 노력했습니다. 시골의 한 학교로 전학 갔을 때 일입니다. 하루는 짝꿍이 지렁이를 잡아 화분에 넣으면 흙이 좋아진다며 함께 잡자고 했습니다. 지렁이를 열심히 잡은 결과 반 친구들로부터 '지렁이 박사'라는 별명을 얻었습니다. 그 후 반 친구들과 친하게 지낼 수 있었습니다.

이 글은 스토리텔링 방식이다. 친구 사귀기 과정을 지렁이를 빗대 흥미롭게 서술했다. 그런데 여기에 피칭 기술을 쓰면 글이 더 빛난다.

지렁이 박사. 어릴 적 별명입니다. 제가 어려운 환경에서 얼마나 열심히 친구 사귀기에 노력했는지를 보여주는 단어입니다. 아버지는 군인이셔서 자주 이사를 갔습니다. 잦은 전학은 힘들었지만 좋은 친구를 다양하게 사귈 기회가 되었습니다.

다음 글은 자동차 광고다. 벤츠 딜러가 차를 널리 알리기 위해 자신의 이야기를 바탕으로 서술한 글이다. 일종의 자기소개서나 마찬가지다.

초등학교 3학년 아이가 있었습니다. 삼성동의 한 웅장한 집 앞에 서 있는 멋지고 날렵한 까만색 차를 보았습니다. 동그라미 속 3개의 선이 햇살 속에서 반짝였습니다. 숨을 죽이며 한참을 쳐다보았습니다. 지나가던 행인이 그 소녀에게 말을 걸었습니다.
"그 차 이름은 벤츠야. 제일 싼 것도 한 장은 될 걸!"
소녀는 그 한 장이 얼마인지는 모르지만 무지무지 비싼 차라는 것은 알 수 있있습니다. 소녀는 이다음에 크면 그 차를 꼭 타겠다고 눈에 새겨두었습니다.
그리고 그 소녀는 자라서 그 차를 탈 뿐만 아니라 그 차를 판매하는 세일즈맨이 되었습니다. 세일즈를 하면서 저는 깨닫습니다. 제가 판매하는 것은 단순한 자동차가 아니라 사람들의 꿈속에 있는 삶의 가치라는 사실을.

－신민수, 〈꿈을 파는 세일즈〉

우리는 앞에서 '피칭의 기술'을 익혔다. 이 내용 역시 맨 앞에, 전체 내용의 핵심을 잡아 쓰는 '포인트라이팅' 테크닉을 구사하면 훨씬 강력하다.

벤츠를 동경하던 소녀가 벤츠 세일즈맨이 되었습니다.
초등학교 3학년 때 일입니다. 삼성동의 한 웅장한 집 앞에 서 있는 멋지고 날렵한 까만색 차를 보았습니다. 동그라미 속 3개의 선이 햇살 속에서 반짝였습니다. 숨을 죽이며 한참을 쳐다보았습니다.

자기소개서 쓰기에는 또 다른 기법이 있다. 다음은 한 언론이 보도한 내용이다. 영국 맨체스터 유나이티드 축구팀 감독이 팀의 운영 방식을 '제비 떼'에 비유해 밝힌 내용이다.

제비 떼 전략. 맨유 알렉스 퍼거슨 감독이 팀 운영과 관련한 속내를 밝혔다. 그는 영국 주간지 선데이 미러와의 인터뷰를 통해 팀을 제비 떼에 비유하며 협동심과 희생정신을 강조했다. 퍼거슨 감독은 "우리 선수들은 제비 떼처럼 V자 모양 대형을 만들어 컨디션이 좋지 못한 선수들의 위치를 교대로 바꿔준다."고 밝혔다. 한 명이 무리에서 이탈할 경우 다른 이들이 그 자리를 메운다는 것. 이는 그가 즐겨 쓰는 로테이션 시스템을 뜻한다. 결국 그는 제비 떼 전략을 통해 필승 정신을 강조한 셈이다.

-이데일리, 2011년 10월 3일자

'제비 떼 전략'은 로테이션 시스템, 즉 언제든 여분의 자원을 비축해서 팀을 운용한다는 뜻을 담고 있다. 이를 자기소개서에 활용하면 다음과 같은 글이 나올 수 있다.

저는 리더십이 뛰어납니다. 초등학교 때부터 반장을 도맡아온 결과 사람을 다루는 노하우가 많습니다. 그 결과가 '제비 떼 전략'입니다. 제비들은 날아갈 때 V자 모양 대형을 만듭니다. 수시로 대열의 맨 앞을 바꿈으로써 긴장을 조성하고 동기부여를 하는 것입니다.

2
비즈니스 라이팅-
핵심을 찔러라

    비즈니스 라이팅은 한마디로 돈과 성공에 관련된 글쓰기다. 잘 쓰면 상품 매출이 오르고, 승진을 하며, 사업에 성공할 수 있다. 무엇보다 독자를 세심하게 배려해야 한다. 아래는 요즘 인기를 끌고 있는 (주)다이슨의 히트작 '날개 없는 선풍기'의 설명글이다.

    제목 : 관념을 벗어나지 못한 100년 이상의 선풍기 역사
  전기를 이용한 최초의 선풍기는 1882년 발명됐습니다. 날개를 이용한 방식은 127년간 변하지 않았습니다. 누구도 그 틀을 벗어나려 하지 않았습니다. 하지만 다이슨은 선풍기에 날개가 있어야 한다는 고정관념

을 깼습니다. "선풍기는 꼭 날개를 써야 할까? 선풍기 날개 때문에 바람이 끊기고 청소하기도 번거롭고, 게다가 아이들은 항상 손가락을 넣고 싶어해서 늘 위험하잖아." 100년 넘게 이어온 선풍기의 틀이 깨지는 데는 4년이 걸렸습니다.

큰 문제없는 글이다. 그러나 맨 앞에서 시선을 붙잡아 가독성을 높일 필요가 있다. 제목과 첫 문장을 다음처럼 고치면 더 눈에 띈다.

제목 : '100여 년 고정관념'을 날려버린 날개 없는 선풍기
"선풍기는 꼭 날개를 써야 할까? 선풍기 날개 때문에 바람이 끊기고 청소하기도 번거롭고, 게다가 아이들은 항상 손가락을 넣고 싶어해서 늘 위험하잖아."
100년 넘게 이어온 선풍기의 고정관념을 깨는 데 4년이 걸렸습니다. 전기를 이용한 최초의 선풍기는 1882년 발명됐습니다. 날개를 이용한 방식은 127년간 변하지 않았습니다. 누구도 그 틀을 벗어나려 하지 않았습니다. 그러나 다이슨은 선풍기에 날개가 있어야 한다는 생각을 깼습니다.

글쓰기 강좌 수강생 중 매우 중요한 직책에 있던 직장인이 있

었다. 그는 상사에게 보고할 때마다 긴장됐다. 상사는 그의 이야기를 들으며 자꾸 짜증을 냈다. 직장에서는 직급이 올라갈수록 바쁘다. 따라서 요점을 말하거나 글을 쓰는 일은 매우 중요하다. 보고를 할 때는 반드시 핵심을 조리 있게 말해야 한다. 그 역시 '요점을 말하라'는 말을 상사로부터 수없이 들었을 것이다. 요점이 무슨 뜻인지 모르는 이는 없다. 하지만 대체 그 요점이란 것이 무엇인지 구체적으로 적시해 주지 않는 한 이해하기 어렵다. 아래 사례를 보자.

우리는 16일 오전 9시 15분쯤 롯데호텔을 출발해 청와대로 향했다. 무기도입 협상 차 한국 대통령을 만나기 위해서였다. 이동 중 일부 자료를 가져오기 위해 호텔로 다시 돌아갔다. 방에 들어서다 깜짝 놀랐다. 정체불명의 사람들이 우리 노트북을 만지고 있었다. 한국 언론은 자국의 정보기관이 벌인 일이라고 보도했다.

2011년 한국 정보기관의 '인도네시아 특사단 숙소 침입 사건'에 관한 내용이다. 인도네시아 특사단이 자국의 대통령에게 보내는 보고 형식으로 쓴 글이다. 이런 식의 보고는 잘됐다고 보기 힘들다. 화급을 다투는 문제를 미괄식으로 썼기 때문이다. 다음과 같이 두괄식으로 바꿔야 한다.

누군가가 우리 측 자료를 훔치려 호텔 방에 침입했다. 한국 언론은 자국의 정보기관 소행 쪽으로 보도하고 있다. 무기구매를 위한 협상 당일(16일) 우리는 청와대로 향하고 있었다. 이동 중 일부 자료를 가져오기 위해 호텔로 돌아간 결과 정체불명의 사람들이 우리 노트북을 만지고 있었다.

다음은 김연아 선수가 힐러리 클린턴 미국 국무부 장관에게 보낸 편지의 일부다. 인사와 용건 그리고 마지막 감사의 말까지 예의를 지켜 잘 썼다. 그런데 만약 보고형태라면 다른 글 형식이 필요하다. 아래 수정한 글처럼 핵심을 앞에 놓는 형식으로 바꿔야 한다.

안녕하세요. 저는 한국의 피겨스케이팅 선수 김연아입니다. 밴쿠버 동계올림픽이 막을 내렸지만 아직도 그 기쁜 마음이 가시지 않습니다. 아마도 오래 기억되는 소중한 추억이 될 것 같습니다.
제가 밴쿠버 올림픽에서 좋은 연기를 펼칠 수 있었던 것은 코칭 스텝의 집념과 열정, 그리고 가족들의 헌신적인 뒷받침이 있었기 때문입니다. 그리고 늘 저에게 사랑과 용기를 주시는 팬들의 응원이야말로 굉장히 큰 힘이 되었습니다.
경기를 마친 후 신문을 통하여 평소 존경하는 장관님께서 저의 경기를 훌륭한 금메달 연기라고 칭찬해 주셨다는 기사를 읽었습니다. 저는 언제나 너무 멋있으시고 여성으로 정말 큰일을 하고 계시는 장관님을 존경해 왔었기 때문에 깜짝 놀랐습니다.

➡ 존경하는 장관님, 밴쿠버 올림픽 때 제 경기에 대해 칭찬을 해 주신 점에 대해 감사드립니다. 그 사실을 알고 깜짝 놀랐습니다.

과제 아래 글은 안철수 교수가 19대 총선을 앞두고 선거 참여를 독려한 글이다. 만약 이 글을 상사에게 보고해야 한다면 어떻게 써야 할까?

1955년 12월 1일, 목요일이었습니다. 미국 앨라배마 주의 '로자 파크스'라는 한 흑인여성이 퇴근길 버스에 올랐습니다.

잠시 후 비좁은 버스에 백인 승객이 오르자 버스 기사는 그녀에게 자리를 양보할 것을 지시했습니다. 그녀는 이를 거부했고 체포돼 재판에 넘겨졌습니다. 하지만 이 작은 움직임은 많은 사람의 공감을 불러일으켰고 미국 흑인 인권운동에 큰 전환점이 됐습니다. 흑인에게 법적 참정권이 주어진 것은 1870년이었지만, 흑인이 백인과 함께 버스를 타는 데는 그로부터 85년이 더 필요했고, 그 변화를 이끌어낸 힘은 바로 작은 '행동'이었습니다. 후에 그녀는 이렇게 말했습니다.

"내게는 여느 날과 똑같은 날이었지만 수많은 대중의 참여가 그날의 의미를 바꿔놓았다."

'선거'는 바로 이런 '참여'의 상징입니다. 저는 지금 우리가 새로운 시대를 열어가는 변화의 출발점에 서 있다고 생각합니다. 그래서 이번 시장선거는 부자 대 서민, 노인 대 젊은이, 강남과 강북의 대결이 아니고, 보수 대 진보의 대립은 더더욱 아니어야 한다고 생각합니다.

저는 이번 선거만은 이념과 정파의 벽을 넘어 누가 대립이 아닌 화합을 이끌어낼 수 있는지, 누구의 말이 진실한지, 또 누가 "과거가 아닌 미래를 말하고 있는지"를 묻는 선거여야 한다고 생각합니다.

그래서 저는 55년 전의 흑인여성 '로자 파크스'처럼 우리가 '그날의 의미를 바꿔놓는' 행동에 나서야 한다고 생각합니다.

선거 참여야말로 시민이 주인이 되는 길이며, 원칙이 편법과 특권을 이기는 길이며, 상식이 비상식을 이기는 길이라고 생각합니다.

저 역시 천만 시민의 한 사람으로서 당연히 제 한 표의 권리를 행사할 것이고 이른 아침 투표장에 나갈 것입니다. 여러분도 저와 함께해 주시기를 간곡하게 청합니다. 감사합니다.

3
일기 – 구조를 알고 쓰면 간단하다

일기 쓰기는 학교 때 늘 했던 글쓰기 방법이다. 그런데도 막상 쓰려면 어렵다. 왜 어려울까? 하나는 소재의 문제다. 소재가 매일 같다는 것, 즉 일상이 늘 반복된다는 데 문제가 있다. 보통 일기는 하루 일과를 반성하는 데 적잖은 의미를 둔다. 맞는 이야기다. 그러나 글을 잘 못 쓰는 이들은 생각을 표현하기 어렵다. 따라서 사실만 기록하는 일도 좋은 일기 쓰기다. 다음은 이순신 장군의 일기다.

새벽에 '망궐례'를 했다. '선창'으로 나가 쓸 만한 널빤지를 고르는데,

때마침 '방천' 안에 피라미 떼가 몰려들기에 그물을 쳐서 이천여 마리를 잡았다. 참으로 장관이었다. 그 길로 배 위에 앉아 술을 마시며 '부하'와 함께 새 봄의 경치를 바라보았다.

—이순신, 〈난중일기〉

망궐례(望闕禮)는 지방의 수령이 임금이 계시는 궁궐 쪽을 향해 절을 드리는 예식이다. 선창(船艙)은 현재 여수시 연등동 입구다. 방천(防川)은 물을 막은 둑을 말한다. 마지막 문장의 '부하'란 '우후 이몽구'를 말한다. 원문에 그렇게 되어 있다. 우후(虞侯)는 조선 시대의 무관직이다. 이순신 장군처럼 간단히 일기를 써보자. 감상보다 사실을 기록하는 데 초점을 두는 것이다.

다음은 글쓰기의 출발인 '포인트'를 유념하자. 글을 쓰기에 앞서 늘 포인트를 생각하라고 말했다. 일기 역시 예외가 아니다. 일과를 돌이켜보며 인상적인 일이 무엇이었는지 떠올려 보자. 다음과 같은 상황이 일어날 수 있겠다.

출근 시간. 바삐 서둘러 옷을 입고 나가려는 찰나. 갑자기 옷에서 단추 하나가 떨어졌다. 비록 손톱만한 단추 하나지만 온종일 신경이 쓰였다면 그것이 글감이다. 즉 "내가 글감이오."라는 단추의 말을 알아들어야 한다.

아래 글이 바로 이런 상황을 겪은 뒤 쓴 내용이다. 출근하면서 갑자기 떨어진 단추 생각을 했다. 일과를 끝낸 후 그 일을 글감 삼아 작문을 했다.

  바쁜 아침, 서둘러 집을 나서는데 외투 맨 위에 붙어 있던 단추가 툭 떨어졌다. 간당간당 위태로워 보이더니 기어이 떨어져나간 것이다. 요 며칠 새 헐렁해진 실에 위태롭게 매달려 있는 단추를 보며 꼭 다시 붙들어 매리라 생각했는데, 생각으로만 몇 번 잡아맸을 뿐 행동으로 옮기지는 못했다. 마음이 바빠 단추를 찾지 못한 채 집을 나섰다. 종일 단추 떨어진 외투가 신경 쓰였다. 평소에 모든 단추를 다 잠그는 것도 아니고 외투 맨 위 단추라 잠그지 않는다고 표가 나는 것도 아닌데 자꾸만 단추를 동여매고 있던 실매듭 자리를 만지작거렸다.

  떨어져버린 단추는 지금은 끊어져버린 나의 관계들과 닮았다. 생각해 보면, 알고도 신경 쓰지 못해 스쳐간 인연이 참 많다. 언제고 연락해야지, 이번에는 꼭 표현해야지, 한번 만나야지 생각만 했을 뿐 행동으로 보여주지 못했다. 옷에 달린 단추처럼 언제나 그 자리에 있어 소중함을 모르고 그래서 신경 써주지 못한 사람들. 단추를 동여매고 있던 올이 어느 날 풀리듯 나와 그들을 이어주던 인연의 끈도 어느 순간 툭 끊어졌다.

  떨어져버린 후에야 단추가 묶여 있던 그 자리를 매만지듯 그 사람을, 그와의 따뜻한 관계를 그리워했다. 단춧구멍은 단추가 떨어진 다음에 더 크게 느껴지고 내가 못 해 준 일들은 그가 떠나고 난 다음에야 후회스럽다. 단추를 달면서 생각한다. 옷에는 여분의 단추가 있지만, 관계에는 여분의 기회가 없다. 올이 풀려 있는 단추가 더 없는지 살피며 소원해진 관계의 끈도 다시 잡아매야겠다고 다짐한다.

－선안남, 〈여자의 하루에 관한 거의 모든 심리학〉

가끔 단추가 달랑달랑 위태로운 경우가 더러 있다. 작가는 떨어져나간 단추를 그냥 사소한 사물로만 보지 않았다. 실이 풀린 채 느슨해진 단추를 보며 '바느질을 해야 하는데…' 하면서 차일피일 미룬 결말이다. 단추를 인간관계에 연결시킨 점이 매우 흥미롭고, 그로부터 훌륭한 글이 지어졌다. 참 재미있는 글감이 아닐 수 없다. 마지막 문장 '소원해진 관계의 끈을 잡아매야겠다'고 표현한 부분은 인상 깊은 결말로 손색이 없다.

다음 글은 초등학생의 평범한 일기다. 해가 바뀌어 새 학기가 시작되었다. 설렘과 긴장감 속에 새로운 선생님을 맞이하는 풍경이다. 큰 무리 없이 당시 상황을 기술했다. 보통 글이 될 법한 글이 마지막 한 문장으로 인해 매우 인상 깊은 글이 됐다.

3월 2일. 아침이 밝고 5학년이 시작되었다. 들뜬 얼굴도 있고, 부루퉁해진 얼굴도 많았다. 저마다 통지표에 쓰인 자기 반을 기억해내며 반으로 들어섰다. 6반은 9시까지 선생님이 오시지 않았다. 급히 5반 선생님이 문을 열어주셨고 아이들은 우르르 몰려들어 가 선생님을 기다렸다.

　선생님이 오시자 아이들은 조용해졌다. 저마다 선생님을 훑어보기 바빴다. 선생님은 자기소개를 하셨고 반 규칙을 설명해 주셨다.

　아이들은 선생님의 목소리를 하나하나 되새기며 앞으로 다가올 5학년 인생을 예상했다. 천사표 선생님이 될지, 호랑이 선생님이 될지는 아이들이 정한다고 선생님이 말씀하셨다. 5학년이 어떻게 끝날지 까마득하지만 새로운 시작이 아이들 바로 앞에 서 있었다.

　초등학생이 '새로운 시작이 아이들 바로 앞에 서 있었다.'는 의인법을 구사했다. 이 문장 하나로 이 아이의 글쓰기 수준이 매우 높음을 알 수 있다. 문장이 아이의 글쓰기 실력을 말해 준 것이다.

4 칼럼-
전하려는 메시지를 먼저 쓰라

글쓰기는 웬만한 이들에겐 어려운 일이다. 그럼에도 우리는 가끔 글쟁이들이 글을 일필휘지로 쓴다고 여긴다. 작가의 경우에도 글을 단숨에 써내는 일은 드물다. 그러나 많은 예술 작품은 치밀한 구성 아래 소위 '이탈리아 장인이 한 땀 한 땀 만든' 노동의 산물이다. 소설가는 작품을 철저하게 디자인한다. 유명 작가의 경우에도 초고는 완성도가 크게 떨어진다. 퇴고가 글을 쓰는 시간만큼이나 길다.

실제 소설의 글쓰기 작업은 전혀 그렇지 않다. 머리를 쥐어짜고 가능한 정확성을 기하는, 재미라곤 찾아볼 수 없는 지루한 작업의 연속에 지나지 않는다. 이야기의 구성이 허물어지지는 않는지, 인물 설정에 오류는 없는지, 등장인물의 언행에 자연스럽지 않은 구석은 없는지, 묘사가 지나치거나 부족하지는 않은지, 비유는 적당한지, 독자가 읽을 때 독서 리듬을 깨트리는 생략이나 반복은 없는지 따위를 따져보며 마치 편집광처럼 수도 없이 읽고 또 읽는다.

―무라카미 류, 〈무취미의 권유〉

  일정한 경지가 되면 활자에 활자가 꼬리를 물고 이어지는 글을 쓸 수 있다. 그런데 서평에서 에세이나 칼럼, 혹은 소설에 이르기까지 어디에 내놓는 작품은 단락에 단락을 쌓는 형식으로 쓴다.
  다음 예문을 보자. 이호선의 〈왕에게 고하라〉를 요즘 글에 맞게 수정한 내용이다. 한 선비가 조선 세종시대 때 상소문을 올렸다. 전형인 기승전결 구조로 자신의 주장을 펴고 있다.

  청렴함과 부끄러움은 신하된 자가 마땅히 마음에 품어야 하고, 탐욕스러움으로 벼슬을 더럽히는 행위는 나라의 법으로 반드시 징계해야 합니다. 비록 벼슬이 낮은 자가 이를 범했을지라도 평생 흠이 되어 조정에 다시 들어설 수 없는데, 하물며 수상대신(대신들 중의 으뜸인 대신)은 말해 무엇합니까?

영의정 황희는 일찍이 좌의정으로 있으면서 파주 교하 일대의 땅을 개간한 공을 내세워 그 땅 일부를 차지한 것으로도 모자라 종의 이름으로 소송을 제기하게 하여 남은 땅마저 다 얻었습니다.

옛날에 중국 노나라의 한 정승은 어느 날 아내가 베틀을 놓고 비단을 짜는 모습을 보고 화를 냈습니다. 또한 마당에 심어 놓은 아욱을 보고 크게 성을 내었습니다. 그는 "내가 나라에서 녹을 받아먹는데 어찌하여 집안에서 비단을 짜고, 아욱을 기르는 것이냐. 그로 인해 그게 아니면 살 길이 없는 서민의 작은 이익까지 탐하느냐."고 말했다는 고사가 있습니다.

같은 정승이라도 이렇게 다를 수가 없습니다. 그런데 전하께서는 황희 정승을 파직한 지 한 해가 되지 않아 갑자기 백관의 윗머리에 두었으며, 세자의 스승을 겸하게 하였습니다. 그럼에도 불구하고 황희는 거만스레 직첩을 받고, 뻔뻔스럽게도 부끄러워하지 않습니다.

이런 점에 비추어 볼 때 황희는 정치를 의논하고 하늘의 뜻을 받들어 임금을 모시는 직책과 세자를 북돋아 기르는 직무에 실로 적당하지 못합니다. 따라서 전하께서는 그 벼슬을 파면하여 신하들과 백성의 바라는 바를 이루어 주소서.

기) 영의정 황희는 일찍이 좌의정으로 있으면서 파주 교하 일대의 땅을 개간한 공을 내세워 그 땅 일부를 차지한 것으로도 모자라 종의 이름으로 소송을 제기하게 하여 남은 땅마저 다 얻었습니다.

승1) 청렴함과 부끄러움은 신하된 자가 마땅히 마음에 품어야 하고, 탐욕스러움으로 벼슬을 더럽히는 행위는 나라의 법으로 반드시 징계해야 합니다. 비록 벼슬이 낮은 자가 이를 범했을지라도 평생 흠이 되어 조정에 다시 들어설 수 없는데, 하물며 수상대신(대신들 중의 으뜸인 대신)은 말해 무엇합니까?

승2) 옛날에 중국 노나라의 한 정승은 어느 날 아내가 베틀을 놓고 비단을 짜는 모습을 보고 화를 냈습니다. 또한 마당에 심어 놓은 아욱을 보고 크게 성을 내었습니다. 그는 "내가 나라에서 녹을 받아먹는데 어찌하여 집안에서 비단을 짜고, 아욱을 기르는 것이냐. 그로 인해 그게 아니면 살 길이 없는 서민의 작은 이익까지 탐하느냐."고 말했다는 고사가 있습니다.

전) 같은 정승이라도 이렇게 다를 수가 없습니다. 그런데 전하께서는 황희 정승을 파직한 지 한 해가 되지 않아 갑자기 백관의 윗머리에 두었으며, 세자의 스승을 겸하게 하였습니다. 그럼에도 불구하고 황희는 거만스레 직첩을 받고, 뻔뻔스럽게도 부끄러워하지 않습니다.

결) 이런 점에 비추어 볼 때 황희는 정치를 의논하고 하늘의 뜻을 받들어 임금을 모시는 직책과 세자를 북돋아 기르는 직무에 실로 적당하지 못합니다. 따라서 전하께서는 그 벼슬을 파면하여 신하들과 백성의 바라는 바를 이루어 주소서.

이처럼 기승전결 구조는 설득력 있는 글쓰기에 많이 쓰인다. 이 글의 핵심을 단락별로 요약하면 다음과 같다.

기) 황희는 파주 일대를 개간한 공을 내세워 그 땅을 가로챘다. (황희의 범죄 사실)
승1) 청렴함은 신하된 자의 도리이며, 탐욕스런 죄는 벌로 다스려야 한다. (신하의 조건)
승2) 중국 노나라의 한 정승은 서민의 이익을 탐하는 아내를 크게 질책했다. (외국 사례)
전) 왕은 오히려 황희에게 영의정과 세자의 스승을 맡겼다. (부당한 상황)
결) 황희는 벼슬을 파면해야 한다. (파면 요구)

보통 우리는 글쓴이가 위와 같은 글의 구조를 짠 다음 논리를 연결시켜서 글을 썼으리라 판단한다. 그런데 좀 다른 시각으로 볼 수도 있다. 이 글의 주장은 '황희를 파면하라'는 내용이며, 이를 뒷받침하는 근거를 넣으면 다음과 같다.

영의정 황희가 좌의정으로 있을 때, 파주 교하 일대의 땅을 편취하였습니다. 그럼에도 불구하고 전하는 파직한 지 한 해가 되지 않아 황희를 영의정 직책에 다시 기용했습니다. 그런데 당사자는 직첩을 받고, 뻔뻔스럽게 부끄러워하지 않았습니다. 따라서 전하께서는 황희의 벼슬을 다시 파면하여 신하들과 백성의 바라는 바를 이루어 주시기 바랍니다.

이 글이 상소문의 핵심이다. 이것만으로 선비가 전달하려는 메시지가 다 담겨 있다. 그러나 왕에게 바치는 문서인 만큼 격식을 갖추고 설득력을 더하는 게 좋을 것이다. 그리하여 다음과 같은 생각을 하게 된다.
'신하의 도리를 한 단락 쓰자. 또 다른 나라 사례도 넣자. 여기에 황희를 우대한 작금의 상황도 기술하자.'
그로 인해 한 단락에 끝날 수도 있는 글이 다섯 단락으로 늘어났다. 결국 글쓰기는 핵심 메시지를 쓴 다음, 그를 뒷받침하는 단락을 배치하는 과정이다.
이런 식으로 글을 써도 아무 문제없다. 하지만 설득력을 높이기 위해 단락의 배치를 달리 한다면 앞의 기승전결 구조가 된다.
글쓰기 고수는 글을 구조에 따라 단락으로 쓴다. 원고지 7매짜리 외부 기고 청탁을 받았다고 하자. 이때의 글쓰기란 그 분량에 해당하는 약 7~8단락의 문단을 무엇으로 채울 것인가의 행위다. 앞의 한 단락에는 무엇이 들어가고 뒤의 한 단락에는 어떤 내용이 들어갈지를 결정하는 일이 글쓰기다.

주장을 펴는 글일 경우 '앞에서는 문제를 제기하고 그다음에 논거를 3단락으로 쓰겠다' 이런 식으로 결정하고 글을 쓰는 것이다. 종합하면 쓸 글의 단락을 결정한 뒤 그 안에 근거들을 배치하는 일이 글쓰기다.

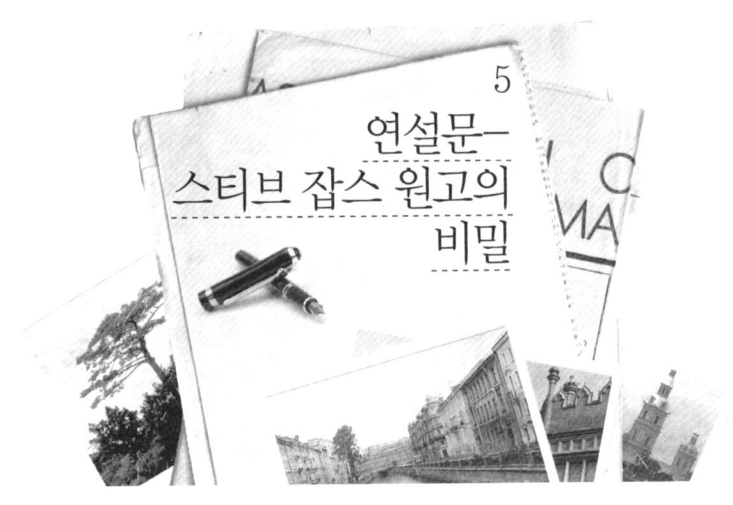

5 연설문 – 스티브 잡스 원고의 비밀

 말은 곧 글이다. 글이 곧 말이다. 이 점은 연설문에서 더욱 잘 맞는 말이다. 멋진 연설은 좋은 원고에서 나온다. 아래는 한 대학생의 졸업 사은회 연설문이다.

 어느새 4년이란 시간이 훌쩍 지나가고 있습니다. 이 자리에 설 수 있다는 게 꿈처럼 느껴집니다.

 무난하게 시작했다. 그런데 앞에서 서두는 인상적이어야 한다고 했다. 그러려면 긴장을 이완시킬 수 있는 뭔가가 필요하다. 다음과 같은 내용을 추가하면 애교 있는 글이 된다.

안녕하세요. 세월이 참 빠릅니다. 1학년 때만 해도 팽팽했던 제 얼굴에 주름이 졌습니다. 잘 보이지 않으신가요? 오늘 화장이 아주 잘 됐군요. 언제 가랴 싶었던 4년이 눈 깜짝할 사이에 흘렀습니다. 시간은 어찌 이리도 빨리 달려와 우리와 스승님을 이 자리에 세운 걸까요. 막상 이 자리에 서고 보니 진한 석별의 아쉬움을 금할 길 없습니다.

첫 단락에서는 당돌한 여대생의 모습을 보여줌으로써, 근엄한 교수님들을 웃길 수 있다. 둘째 단락에서는 시간을 사람으로 만드는 의인법을 써서 멋진 문장을 구사했다.

아래는 스티브 잡스가 2005년 스탠포드 대학 졸업 때 한 연설문을 요약한 글이다. 여기에 앞에서 배운 글쓰기 기술들이 숨어 있다.

오늘 저는 세계에서 가장 훌륭한 대학의 한 곳을 졸업하면서 새 출발을 하는 여러분과 함께하는 영광을 누리고 있습니다. 저는 대학을 졸업하지 않았습니다. 사실, 이번이 제가 대학 졸업식에 가장 가까이 다가간 경우입니다. 오늘 저는 여러분에게 제 인생에 관한 세 가지 이야기를 하려고 합니다. 뭐 그리 대단한 것은 아니고 그저 세 가지의 이야기입니다.

서두를 흥미롭게 이어갔다. 인사말에 이어 '저는 대학을 졸업하지 않았습니다. 사실, 이번이 제가 대학 졸업식에 가장 가까이 다가간 경우'라는 조크를 던져 좌중의 가벼운 웃음을 이끌어 냈다.

이어 3의 법칙을 구사했다. 메시지를 3가지로 나눠서 말하고 있다. 그는 첫 번째 이야기로 '점(點)을 잇는 것'에 관해 설명했다. 그는 양부모의 부담을 덜어주기 위해 대학을 관두었다. 그 순간 필수과목 대신 좋아하는 과목을 신청하게 됐다. 그중 하나가 서체에 관한 과목이었다. 당시 그는 몰랐지만 10년 후에 최초의 매킨토시 컴퓨터를 만들 때 서체를 배운 일이 도움이 되었다. 아름다운 글자체를 가진 최초의 컴퓨터를 탄생시킨 것이다.

제가 대학에 있을 때는 미래를 내다보면서 점을 잇는 것은 불가능했습니다. 하지만 10년이 지난 후 과거를 되돌아 볼 때 그것은 너무나 분명했습니다. 다시 말하지만 우리는 미래를 내다보면서 점을 이을 수는 없습니다. 우리는 오직 과거를 돌이켜 보면서 점을 이을 수 있을 뿐입니다. 따라서 여러분은 지금 잇는 점들이 미래의 어떤 시점에 서로 연결될 것이라는 믿음을 가져야만 합니다.

이어 그는 애플에서 해고된 뒤 오히려 새로운 출발을 할 수 있었고 창의의 꽃이 만발했다고 전했다. 마지막 세 번째는 죽음에 관한 성찰의 메시지였다. 비로 유명한 '거울 철학'이다. 매일 거울을 보면서 '만일 오늘이 내 인생의 마지막 날이라면, 내가 오늘 하려는 것을 하게 될까?'를 고민했다고 털어놓았다.

　여러분의 시간은 한정되어 있습니다. 그러므로 다른 사람의 삶을 사느라고 시간을 허비하지 마십시오. 다른 사람들이 생각한 결과에 맞춰 사는 함정에 빠지지 마십시오. 다른 사람들의 견해가 여러분 자신의 내면의 목소리를 가리는 소음이 되게 하지 마십시오. 그리고 가장 중요한 것은 당신의 마음과 직관을 따라가는 용기를 가지라는 것입니다. 당신이 진정으로 되고자 하는 것이 무엇인지 마음은 이미 알고 있을 것입니다. 다른 모두 것은 부치적인 것늘입니다.

　연설의 마지막 부분은 책 이야기였다. 젊었을 적에 읽은 책 한 권을 소개하며 교훈 하나를 이끌어냈다. 그 교훈은 스티브 잡스가 죽은 후 전 세계인의 관심을 끈 문장이었다. 자신의 삶과 철학을 응축한 한 문장은 화룡점정과 다름없었다.

　"늘 갈망하고 우직하게 나아가라(Stay Hungry. Stay Foolish.)."

글쓰기 멘토들의 조언

✱ 연 1억 원 글쟁이에 도전하세요

한국에서 글쟁이는 어떻게 될까. 글쟁이로 처음 등장하는 방법 중 하나는 관심 분야에 책을 쓰는 일이다. 책이 잘 팔리면 무척 빨리 전문가로 자리를 굳힌다. 책이 많이 팔리지 않아도 언론이 저자를 주목하여 연락할 수 있다. 책 쓰기는 글쟁이가 되기 위한 가장 확실하고 빠른 경로다. 책이 주목할 만하면 언론이 예상 이상으로 빠르고, 많이 취재 및 원고 요청을 해 온다.

일단 매체와 한 번 인연을 맺게 되면 글쟁이의 길은 순조롭다. 신문이나 잡지에 적어도 10회 이상 연재하려면 원고 분량에 상관없이 이전에 쌓은 지식과 정보량이 상당해야 한다. 따라서 진짜 실력파 글쟁이만 가능하다. 이렇게 연재나 기고한 글은 다시 책으로 나오기 쉽다. 책을 두 권 이상 쓰면 본격적으로 저술가로 나가게 된다. 그 책이 또 좋은 반응을 얻으면 확실한 1급 필자로 나가게 된다.

기고나 인세만으론 수입이 그리 많지 않다. 그러나 어느 정도 인정받는 책을 쓰면 또 다른 부가가치가 생긴다. 바로 강연 수입이다. 강연은 1급의 경우 시간당 100만 원 이상 받는다. 그렇게 되면 저술–원고–강연, 혹은 원고–저술–강연, 원고–강연–저술의 시스템이 갖춰진다. 전업 글쟁이 단계다. 한 해 최고 2억 원 정도 벌 수 있다.

—구본준

8장

창의적 글쓰기, 어떻게 쓸 것인가?

1 퀴즈 풀기, 문제를 풀며 상상하라

●●● 노인은 무엇을 낚았을까?

한 남자가 길을 가고 있었다. 저 멀리 벤치에 앉아 있는 노인 한 명이 보였다. 날씨는 쌀쌀했다. 벤치 가까이 가면서 특이한 사실을 알았다. 그 노인이 풀밭에 낚싯대를 드리우고 있었던 것이다. 남자는 그 모습이 안타까웠다.

'아마, 나이가 드셔서 정신이 좀 오락가락 하시는 모양이군.'

여린 마음을 지닌 남자는 그냥 지나치지 못하고 노인 곁으로 다가갔다. 이어 '날씨도 추운데 뭐 하시냐'고 물었다. 이에 대해 노인은 아무렇지도 않은 듯 "낚시를 하고 있는 중일세."라고 대답했다. 그 이야기를 듣자 안쓰러운 마음이 깊어졌다. 잠시 생각에 잠기던 남자는 웃으면서 말했다.

"혹시 저녁 드셨어요? 같이 가세요. 제가 식사 대접해드릴게요."

남자는 노인을 모시고 식당에 갔다. 설렁탕에 막걸리까지 한 병을 시켰다. 술 한 잔을 먹자 기분이 좋아진 남자는 짓궂은 농담을 던졌다.

"할아버지. 그래, 오늘 고기 좀 낚으셨어요?"

이에 대해 노인은 다음과 같이 말했다.

-요네하라 마리, 〈교양노트〉

퀴즈 예상되는 노인의 말을 쓰라.
　　　　참고_ 글쓰기훈련소 카페 〈365글쓰기훈련〉215번 글

●●● 폭풍우 속에서 한 아기만 구한 까닭

어미 새 가족이 폭풍을 만났다. 이대로는 둥지와 함께 아기 새 세 마리가 모조리 땅으로 떨어져 버릴 위험에 처했다. 어미 새는 바다를 건너 안전한 해안가에 새끼들을 피난하기로 했다. 하지만 세찬 빗줄기와 강

풍 때문에 한꺼번에 모두 옮길 수 없었다. 먼저 어미는 한 마리를 입에 물고 비바람을 헤치며 둥지에서 날아올랐다. 바다를 건너는 도중에 어미 새가 물었다.

"애야, 지금 엄마가 목숨을 걸고 너를 살리려 한다. 너는 내게 무엇을 해 줄 수 있겠니?"

그러자 아기 새는 "엄마, 지금은 그런 생각을 할 여유가 없어요. 일단 나를 맞은편의 안전한 해안가로 옮겨주세요."라고 대답했다. 이 말을 들은 어미는 새끼를 바다에 떨어뜨려 버렸다.

어미 새는 다음 아기를 나르다 같은 질문을 던졌다. 아기 새는 "일단 옮겨주세요. 그러면 반드시 은혜를 갚을 게요."라고 대답했다. 이 말을 들은 어미는 또 아기 새를 바다에 떨어뜨려 버렸다.

어미는 마지막 새끼를 입에 물고 바다 위로 날아올랐다. 이어 똑같은 질문을 던졌다. 이번엔 새끼를 무사히 옮겨주었다.

-이시즈마 간지, 〈유태인들만 알고 있는 부의 법칙〉

퀴즈 대체 아기 새는 엄마의 말에 뭐라고 답했을까?

●●●빨리 죽이지 않으면 내가

셰익스피어 씨는 마음이 어지러운 한 젊은이에 관한 희곡을 썼다. 그는 아버지를 죽인 살인자에게 복수할지 말지를 놓고 오래 고뇌한다. 하지만 젊은이의 지독한 우유부단함 때문에 1시간이면 충분할 내용은 엿가락처럼 길게 늘어나 4시간을 넘겨버렸다. 연극은 거의 관객의 인내심을 시험하는 수준이었다. 대체 셰익스피어 씨는 한도 끝도 없이 늘어지는 문장을 왜 그토록 사랑하는가? 연극이 절반 정도 지났을 때 나는 하마터면 이렇게 소리칠 뻔했다.

'빨리 죽이지 않으면 내가……'

―존 판던, 〈이것은 질문입니까〉

퀴즈 〈햄릿〉은 내용이 너무 길다는 지적이 있다. 이를 꼬집은 비평이다. 글 속의 화자는 무엇이라고 했을까?

답_ 글쓰기훈련소 카페 〈365글쓰기훈련〉 193번 글

2 비교하기, 비교하며 상상하라

●●● 몸과 마음의 서로 다른 점

　사람의 몸은 하나지만, 몸짓과 마음의 빛깔은 하나가 아니다. 몸짓은 수만 가지가 넘고, 마음도 그 빛깔이 헤아릴 수 없을 정도로 많다. 살아 있으므로 늘 움직이는 사람의 몸과 마음은 흐르는 물과 바람처럼 변화무쌍하다. 시시각각 달라지므로 순간순간 이루 다 포착해 낼 수 없을 정도다.

　몸과 마음 중에서 특히 마음은 잘 읽어내기가 어렵다. 몸은 보고 만질 수 있으나 마음은 그렇게 하기 난감한 것이기 때문이다. 그런 탓에 사람들은 자신의 마음은 물론 남의 마음도 잘 모르겠다며 번민하고, 갈등하며 힘들어한다. 오죽하면 "열 길 물속은 알아도 한 길 사람 속은 모른다."라고 했을까.

 그렇다면 마음은 도무지 알 수 없는 그런 것인가. 아니다. 빛에도 눈에 보이는 가시광선과 몸으로 느낄 수 있는 적외선, 자외선이 있듯이 마음에도 마음의 몸으로 보고 듣고 느낄 수 있는 빛깔이 있다.

-김소연, 〈마음사전〉

 이 글은 저자가 책을 쓰게 된 동기를 서술한 서문의 일부다. '마음'에 대한 책을 쓰겠다고 마음먹는 순간, 마음이 얼마나 떨렸을까. 마음에 대해 서술하기 위해 몸을 동원했다. 몸과 비교함으로써 마음의 실체가 훤히 드러났다. 마치 어둠에 빛을 더한 것처럼.

과제 몸의 상처와 마음의 상처. 둘 다 상처라는 공통점이 있지만 아픔의 강도와 지속 시간 그리고 치유의 방법은 다르다. 즉, 눈에 보이고 안 보이고의 차이에서부터 상처의 종류에 이르기까지 그 차이점은 셀 수 없다. 그 차이에 관해 서술하라.

 참고_ 글쓰기훈련소 카페 〈365글쓰기훈련〉 464번 글

●●●글쓰기와 청소의 다른 점

글쓰기와 청소는 뭐가 다를까? 문득 이런 상념에 빠졌다.

첫째, 후자는 비우는 행위지만 전자는 채우는 행위다. 청소는 휴지나 오물을 비워내는 작업이다. 이와 달리 글쓰기는 하얀 종이, 또는 워드 문서의 새 페이지를 문자와 기호로 채우는 일이다.

둘째, 청소는 '몸'을 부지런히 움직이는 데서 성과가 나온다. 반면에 글쓰기는 '머리'를 끈기 있게 굴려야 열매를 거둘 수 있다. 즉 '다상량'에서 참신한 발상과 탄탄한 구조, 깔끔한 문장이 나온다.

셋째, 청소는 정돈을 낳지만 글쓰기는 혼란을 낳는다. 글은 가끔 글로서 끝나지 않고 독자를 어지럽게 만든다. 다시 말해 문제의식이나 논쟁을 불러일으킨다.

과제 글쓰기는 사랑과 다르다. 사랑은 달콤하지만 글쓰기는 고통스럽다. 전자는 스스로 깨우쳐야 하지만, 후자는 훈련으로 더 익숙해진다. 사랑은 누군가 함께해야 하는 일이지만 글쓰기는 고독의 산물이다. 이처럼 '글쓰기와 OO는 다르다.'라는 형태의 글을 써보자.

●●● 절대음감과 상대음감의 차이

　절대음감. 특정 음을 듣고 그 음이름을 알 수 있는 청각적 능력이다. 상대음감을 지닌 보통 사람들은 다른 음과 비교해야 그 음의 정체를 파악할 수 있다. 그러나 우리는 이런 능력의 차이가 얼마나 재미있고 독특한지 잘 깨닫지 못한다.

　예를 들어 여기 빨간 장미가 있다고 하자. '절대색감'을 가진 우리는 이 장미가 빨간색임을 금세 알 수 있다. 그러나 '상대색감' 부류는 파란 장미나 흰 장미를 보여줘야 비로소 첫 번째 장미가 빨간색인 줄 알 것이다. 절대색감을 가진 이들이 보면 얼마나 이상한 일이겠는가.

　만약 당신이 절대음감 소유자라면 주변의 소음이 음악이다. 예를 들어 아버지 코 푸는 소리가 '솔'이나 '시' 혹은 그 밖의 음으로 들릴 것이다.

—올리버 색스, 〈뮤지코필리아〉

과제 직관과 논리는 어떻게 다를까? 살다 보면 논리로 풀 수 없는 문제가 많다. 예컨대 우리는 극히 짧은 순간에 상대에 대한 호감 여부를 판단한다. 이는 논리의 문제라기보다 직관의 문제다. 직관과 논리의 차이를 설명해 보자.

참고_ 글쓰기훈련소 카페 〈365글쓰기훈련〉 423번 글

3
이어 쓰기, 스토리가 저절로 펼쳐진다

● ● ● 졸음은 눈썹과 눈썹 사이로 왔다

졸음은 눈썹과 눈썹 사이로 왔다. 할머니는 내 이마에 굴이 있기 때문이라고 했다. 굴이 있어서 그 안으로 햇볕도 들어오고 잠도 들어오는 거란다. 아침에 신발을 신다가 끄덕끄덕 졸고 있으면 할머니는 손으로 내 이마부터 쓸어내리며 잠이야 가라, 어여 나가라, 주문을 읊었다.

언젠가 졸린 눈을 비비며 이리저리 책을 뒤척이다 발견한 문장이다. 졸음이 눈썹과 눈썹 사이로 오다니. 이 재치 있는 글을 발견하는 순간 잠이 확 깼다. 〈제1회 웹진문지문학상 수상작품집〉에 수록된 최은미 작가의 〈눈을 감고 기다리렴〉에 나오는 글이다. 졸음은 과연 어디서 올까. 이렇게 물으면 아마도 눈꺼풀이라고 대답할지 모르겠다. 달마대사는 졸지 않기 위해 눈꺼풀을 잘라냈다고 하니까. 그런데 할머니는 이마에 굴이 있고 졸음이 그 이마로부터 쏟아진다고 말한다. 재미있다. 이 글을 통해 우리는 '졸음의 기원'에 대해 새로운 학설 하나를 알게 됐다.

과제 '졸음은 눈썹과 눈썹 사이로 왔다'를 활용해 비슷한 글을 지어보자.

참고_글쓰기훈련소 카페 〈365글쓰기훈련〉 142번 글

미소는 눈과 눈 사이로 왔다.

••• 신데렐라 구두를 찢어버렸다면?

신데렐라는 어려서 새어머니 밑에서 구박을 받으며 자랐다. 어느 날 왕실에서 무도회를 열었다. 계모는 자신의 딸들만 무도회에 보냈다. 신데렐라도 가고 싶어 울었다. 그때 요정이 나타났다. 지팡이를 두드리니

마술이 펼쳐졌다. 신데렐라는 예쁘게 치장하고 무도회에 갔다. 요정은 12시에 마법이 풀린다고 말했다. 신데렐라는 왕자를 만나 춤을 췄다. 그러다가 12시가 되자 황급히 무도회장을 벗어났다. 그러던 중 구두를 잃어버렸다. 그런데 어디선가 나타난 강아지가 구두를 물고 가버렸다.

과제 우리가 아는 신데렐라 이야기에서 이 유리 구두는 행복의 증표가 된다. 그러나 짓궂은 상상을 하면 전혀 다른 결말로 이어질 수 있다. 즉 신데렐라와 왕자가 행복한 삶을 누리지 못하는 상황이다. 예컨대 '그 구두를 강아지가 물고 가 갈기갈기 찢어버렸다.'라거나 '구두를 잃어버리자 다시는 마술을 부릴 수 없게 된 요정이 신데렐라를 저주했다.'라는 식이다.

이번엔 동화 〈토끼와 거북이〉의 결말을 다른 버전으로 만들어 보자. 현실에서라면 토끼와 거북이가 경주하는 일 자체가 불평등하고, 토끼가 잠든 틈을 타 경주에서 이기는 방식 역시 불공정 논란의 여지가 있다. 따라서 결말 역시 얼마든지 다르게 나올 수 있다.

토끼가 잠을 잤다. 그때 거북이는…

●●● 비단잉어 '코이'와 같은 우리의 꿈

'코이'라는 비단잉어가 있다. 이 잉어가 자라는 모습을 보면 참으로 신기하다. 사는 공간의 크기에 따라 자기 몸의 크기도 달라진다. 작은 어항에 넣어두면 5~8센티미터밖에 자라지 못한다. 하지만 커다란 수족관이나 연못에 넣어두면 15~25센티미터까지 자란다. 또한 강물에 방류하면 90~120센티미터까지도 성장한다.

－엔도 슈사쿠

과제 코이는 칼럼 쓰기의 좋은 소재다. 이 코이를 가지고 다양한 글짓기를 해 보자.

우리의 삶은 코이와 같다. 우리의 꿈도 코이와 같다.

4 더하기, 글쓰기와 수학의 만남

••• **낱말을 사용해 문장 만들기**

창의적 글쓰기는 참신한 생각, 발상에서 온다. 따라서 기발한 아이디어를 접하면서 뇌에 자극을 받는 일이 중요하다. 노벨 문학상을 받은 헤르타 밀러의 글쓰기 비법은 '낱말상자'에서 찾을 수 있다. 빼어난 문장력을 자랑하고 있는 그녀의 조어 능력은 다음과 같은 독특한 습관에서 비롯됐다.

"나는 끔찍하도록 가난하고 외진 마을에서 왔다. 기본적 문명조차 누릴 수 없을 때 사람은 본능과 단순한 습관에 의지해 산다. 난 잡지 속에서 흥미 있는 단어들을 가위로 오려내 책상 위에 진열해 놓고 그 낱말들을 사용해 문장을 만드는 버릇이 있었다. 각각 다른 잡지와 신문들에서 잘라낸 언어들은 활자의 모양도 크기도 색깔도 달랐다. 언어들은 그렇게 잘려 나온 채 마치 역의 플랫폼에서 기차를 기다리는 사람처럼 날 기다리고 있었다. 서독으로 망명할 때 난 그 낱말상자와 머릿속에 저장된 악몽을 휴대하고 왔다. 언어와 나의 이 결탁은 거의 중독 수준이다."

●●● 꽃 이름에 슬픔을 더하면

실제로 아이디어를 내는 방식에는 '더하기'가 있다. 사물과 사물, 제품과 제품을 더하는 방식이다. 글쓰기에서는 단어와 단어, 혹은 문장과 문장을 결합하면 된다. 자, 지금부터 어떤 재미있는 문장이 나올 수 있는지 보자.

먼저 노트에 꽃 이름 4개를 쓴다. 예를 들면 매화, 진달래, 벚꽃, 장미. 그 옆에 요리에 관한 동사를 쓴다. 썰다, 끓이다, 칼집을 내다, 데치다. 그런 다음 두 개를 합친다. 그러면 다음과 같은 문장이 탄생한다.

매화를 썰다.
진달래를 끓이다.
벚꽃에 칼집을 내다.
장미를 데치다.

자연이나 상품 이름 등을 통해 흥미롭게 전개할 수 있다. 다음처럼 인간의 감정을 사칙연산에 더하는 경우도 재미있다.

사랑을 나눈다.
용기를 더한다.
지혜를 곱한다.
욕심을 뺀다.

여기에 슬픔에 관계되는 형용사를 넣으면 다음과 같은 시가 탄생한다. 대단한 시는 아니지만 창의적인 표현 방법으로 좋다.

매화를 썰다 울컥 그리움이 일고
진달래를 끓이다 가슴 아릿하네
벚꽃에 칼집을 내다 눈물 고이더니
장미를 데치다 그만 펑펑 울었네

●●● 손뼉 지각과 고양이 도시락

보니 노이바우어의 〈하루 10분씩 100일 동안 1000가지 창의적 글쓰기〉에 소개된 창의적 글쓰기 방법 중 도움이 될 만한 내용이 있어서 글쓰기 훈련에 맞게 고쳐보았다. 아래의 지시에 따라 단어끼리 합해 글을 써보자. 먼저 '단어1'과 '단어2'에서 각각 단어 하나씩을 고른다. 이어 두 단어를 연결시켜 합성어를 만들어 보자. 또한 새 단어를 풀이하는 글을 써보도록 하자.

단어1 : 파랑, 도시락, 발레, 유행가, 분홍, 자투리, 울음, 나비, 고등어, 사다리, 리본, 여행, 손톱, 추억, 통장, 손뼉

단어2 : 고양이, 담벼락, 사랑, 가게, 혀, 갈등, 오이, 결혼, 등대, 커피, 질투, 온기, 기차, 발, 이별, 지각, 책, 만년필

예) 손뼉 지각 : 손뼉을 쳐서 지각했다는 것을 알리는 신호. 일부 회사에서 도입했으나 프라이버시 논란을 빚고 있다.

고양이 도시락 : 최근 선풍적인 인기를 끌고 있는 도시락. 앙증맞은 고양이 캐릭터가 뚜껑에 그려져 있다.

분홍 오이 : 얼마 전 미국에서 출시된 오이 신품종. 겉은 녹색이나 속이 분홍색이어서 여성들이 특히 좋아한다.

5 바꿔 쓰기, 낱말을 바꾸면 신선해진다

●●● 혀 대신 사랑이란 단어 넣기

다음은 조경란의 소설 〈혀〉의 일부다.

그의 혀는 내 입속에서 펄떡거리는 생선처럼 저항한다. 나는 입을 꽉 다물어 그것이 밖으로 나가지 못하도록 막는다. 내 이는 그것을 잽싸게 가로채 으깬다. 내 혀는 넘치는 분비물로 그것을 축축하게 적시고 뒤집고 근육처럼 힘차게 움직여 목구멍 깊숙이 밀어 넣는다. 더 깊숙이 더 완전하게 밀어 넣기 위해 내 혀는 빳빳하게 일어선다. 한 조각, 한 방울도 입 밖으로 새어나오지 않는다. 그것은 내 위 속으로 완벽하게 미끄러져 들어간다. 온몸의 감각이 바늘 끝처럼, 미세하게 떨리며 이윽고 나는 숨을 토해낸다. 마지막으로 내 혀는 방금 전 요리의 맛을 되새기기 위해 쩝쩝, 입맛을 다신다.

이를 '혀' 대신 '사랑', '입' 대신 '마음', '이' 대신 '본능'이란 단어로 바꾸어 보자.

➡ 그의 사랑은 내 마음 속에서 펄떡거리는 생선처럼 저항한다. 나는 마음을 꽉 다물어 그것이 밖으로 나가지 못하도록 막는다. 내 본능은 그것을 잽싸게 가로채 으깬다. 내 사랑은 넘치는 분비물로 그것을 축축하게 적시고 뒤집고 근육처럼 힘차게 움직여 목구멍 깊숙이 밀어 넣는다. 더 깊숙이 더 완전하게 밀어 넣기 위해 내 사랑은 빳빳하게 일어선다. 한 조각, 한 방울도 입 밖으로 새어나오지 않는다. 그것은 내 위 속으로 완벽하게 미끄러져 들어간다. 온몸의 감각이 바늘 끝처럼, 미세하게 떨리며 이윽고 나는 숨을 토해낸다. 마지막으로 내 사랑은 방금 전 요리의 맛을 되새기기 위해 쩝쩝, 입맛을 다신다.

●●● 더위 대신 숨 막힌 뉴스 이야기 넣기

처음으로 더워진 며칠. 숨 막힌다. 모든 짐승들이 배를 깔고 엎드려 있다. 하루해가 기울 때 도시 저 위에 떠도는 공기의 기이한 질감. 그리로 솟아올랐다가 풍선처럼 사라지는 소리들. 꼼짝도 않고 있는 나무들과 사람들. 테라스에는 저녁을 기다리며 한담을 하고 있는 아랍인들. 커피 볶는 냄새도 올라온다. 감미롭고 절망적인 시간. 껴안을 만한 것이 하나도 없다. 감사에 넘친 마음으로 무릎을 꿇을 만한 것이 한 군데도 없다.

—카뮈, 〈작가수첩1〉

이 글은 에세이를 쓸 때 참조할 좋은 구절이다. 풍경을 잘 묘사했다. 이런 문장들이 머릿속에 둥지를 트고 있다면, 언젠가 새롭고 멋진 모습으로 자판 앞에 나타날 것이다. 당신도 카뮈가 될 수 있다. 아래처럼 형태는 유지하되 내용을 바꿔서 쓰면 좀 더 실감이 날 것이다.

➡ 패닉상태가 된 증시. 숨이 막힌다. 모든 투자자들이 뒤로 나동그라졌다. 하루해가 기울 때 도시 저 위에 떠도는 공기의 기이한 질감. 그리로 솟아올랐다가 풍선처럼 사라지는 꿈들. 할 말을 잃고 있는 나무들과 사람들. 객장에는 새 아침을 기다리며 푸념을 하고 있는 투자자들. 그 한숨 사이로 커피 향이 올라온다. 설레며 동시에 절망적인 시간. 살만한 종목이 하나도 없다. 감사에 넘친 마음으로 무릎을 꿇을 만한 것이 한 군데도 없다.

●●● 세상과 나 사이에 있는 것

세상과 당신 사이 신문이 있습니다.

안녕하세요? 저는 독자님 댁에 새벽마다 신문을 전달하는 메신저입니다. 그동안 저희 신문을 구독해 주시고 아껴 주신 점 진심으로 감사드립니다. (중략) 세상의 소식과 독자 분을 가장 먼저 연결시키는 사람이 바로 제가 아닐까요. 지금보다 더 강한 책임감을 가지고 항상 최선을 다해 노력하겠습니다.

"세상과 당신 사이"

그곳에 신문이 있습니다. 저는 독자님께 가장 먼저 세상의 소식을 전하는 메신저입니다.

-중앙일보 전단지

과제 '세상과 나 사이에 신문이 있다' 멋진 표현이다. 이 문장을 익히기 위해 '세상과 당신 사이에 무엇이 있다, 그 까닭은 무엇이다'란 식으로 작문을 해 보자.

참조_글쓰기훈련소 카페 〈365글쓰기훈련〉 223번 글

글쓰기 멘토들의 조언

✻ 꿈속에서도, 숨 쉴 때마다 글, 글

누구나 알다시피 소설 쓰기의 핵심은 생각하기와 쓰기에 있다. 무언가를 포착하고 쓰기 시작하면, 이제 세상에 가서 닿을 은유를 찾아 모색이 시작된다. 쓰는 동안은 밥 먹을 때도 소설을 생각하고, 걸을 때도 소설을 생각하고, 꿈속까지 생각하고, 숨 쉴 때마다 생각한다. 마치 심장이 생각하는 것 같다. 외출하려고 신을 신다가도 책상으로 달려가고, 밤에 잠자리에 누웠다가도 몇 번이나 몸을 벌떡 일으켜 책상으로 가서 쓰고, 밥을 먹다가도 숟가락을 놓고 달려가서 쓴다.

쓰다 보면 삶은 온종일 소설을 향해 열어두어야 할 때 공기조차 흔들리지 않는, 혼자의 상태가 형성될 때가 온다. '율여(律呂)'와 맥이 닿는 듯한 자기 몰입과 외부를 향한 은유와 성취, 이 두 가지가 나의 창작론이다.

―전경린

✻ 쓸 수 있다고 믿으면 이뤄진다

영화 '인디애나 존스'에서 가장 인상적인 대목을 꼽는다면 깎아지른 협곡을 건너던 장면이다. 주인공은 성배를 찾기 위해 낭떠러지 빈 허공에 발을 내딛어야 한다. 절체절명의 위기. 죽을 각오로 한 발 내딛자 스르르 구름다리가 모습을 나타낸다. 마치 동물의 보호색처럼 절벽의 색과 다리의 색깔이 똑같아 보이지 않았을 뿐이다. 믿음은 초인적인 집중력을 이끌어 낸다. 결코 일어날 수 없다고 포기하는 그 순간에 마법이 일어난다. 예컨대 글을 아주 잘 쓰는 이들조차 한 권의 책을 출판하기 위해 겪는 산고는 말로 표현하기 어렵다. 지금 이 책 역시 예외가 아니다. 그러나 나는 안다. 이 책 역시 어쨌든 제대로 나올 것임을. 작가나 저술가는 대단한 무엇이 아니며, 누구나 가능한 목표일 뿐이다. 믿음을 가지고 글쓰기를 시작하면 그 무엇도 될 수 있다.

―황금지우개

| 에필로그 |
글쓰기 마법 학교

 이 책은 글쓰기 마법을 다루고 있다. 내게 수업을 받은 한 수강생의 강의 후기가 이 책의 씨앗이 됐다.

 참으로 신기한 글쓰기 수업이 있었다. 어떤 것이든 종이 위로 가져다 놓으면 글감이 되었다. 평범해 보이는 글이 몇 초 만에 특별한 글이 되었다. 그래서 나는 이 수업을 글쓰기 요리 학교 또는 마법 학교라고 칭했다. 무엇이든 글감으로 가져다가 맛있게 쓰는 법을 배웠고, 평범한 글이 어떻게 멋진 글로 탈바꿈하는지도 직접 보았다. 5주간의 짧은 시간, 다 소화할 수 없을 만큼 많은 것들을 맛보고, 배웠다. 사실 내게는 매주가 충격이었다. 그야말로 그는 내게 마법사 같은 존재였다.

내 글쓰기 강의가 한 사람에게 마법을 일으켰다. 그는 내 수업에 매혹되었고, 글쓰기 고수로 성장하고 있다. 글쓰기에 마법이 있다면 강의가 이뤄지는 우리 글쓰기훈련소 카페는 마법 학교다. 말하자면 〈해리포터〉의 '호그와트'인 셈이다.

많은 이가 이곳을 거쳐 갔다. 글쓰기로 취직이 되고, 대학원에 진학하고, 좋은 직장으로 옮기고, 상을 타기도 했다. 무엇보다 보람찬 일은 글쓰기에 눈을 뜨고, 글에 재미를 붙이면서 삶을 바꾸며 꿈을 꾸게 되었다는 점일 것이다.

글쓰기 마법 학교에 입소하면 가장 먼저 다음과 같은 주문을 외운다.

'나는 어떤 글도 쓸 수 있다. 나는 어떤 것도 글로 표현할 수 있다. 나는 글을 통해 세상을 움직일 수 있다.'

마법을 배우면 당신도 뛰어난 글쟁이, 더 나아가 마법사가 될 수 있다. 사실 모든 일이 다 그렇다.